吉林全書

——史料編——

⑬

吉林文史出版社

圖書在版編目（CIP）數據

吉林外記 / (清) 薩英額撰 . -- 長春 : 吉林文史出版社 , 2024. 12. -- (吉林全書). -- ISBN 978-7-5752-0825-3

Ⅰ . K293.4

中國國家版本館 CIP 數據核字第 202466CD21 號

JILIN WAI JI

吉林外記

撰　　者　［清］薩英額
出 版 人　張　强
責任編輯　于　涉　趙　藝
封面設計　溯成設計工作室
出版發行　吉林文史出版社
地　　址　長春市福祉大路5788號
郵　　編　130117
電　　話　0431-81629356
印　　刷　吉林省吉廣國際廣告股份有限公司
印　　張　24.75
字　　數　96千字
開　　本　787mm × 1092mm　1/16
版　　次　2024年12月第1版
印　　次　2024年12月第1次印刷
書　　號　ISBN 978-7-5752-0825-3
定　　價　125.00圓

《吉林全書》編纂委員會

總主編　曹路寶

史料編主編　胡維革　李德山　竭寶峰

《吉林全書》學術顧問委員會

學術顧問
（按姓氏音序排列）

邴　正　陳紅彦　程章燦　杜澤遜　關樹東　黃愛平　黃顯功　江慶柏

姜偉東　姜小青　李花子　李書源　李　岩　李治亭　厲　聲　劉厚生

劉文鵬　全　勤　王　鍔　韋　力　姚伯岳　衣長春　張福有　張志清

總序

『長白雄東北，嵯峨俯塞州。』吉林省地處中國東北中心區域，是中華民族世代生存融合的重要地域，素有『白山松水』之地的美譽。歷史上，華夏、濊貊、肅慎和東胡族系先民很早就在這片土地上繁衍生息，高句麗、渤海國等中國東北少數民族政權在白山松水間長期存在，以契丹族、女真族、蒙古族、滿族融合漢族在内的多民族形成的遼、金、元、清四個朝代，共同賦予吉林歷史文化悠久獨特的優勢和魅力，决定了吉林文化不可替代的特色與價值，具有緊密呼應中華文化整體而又與衆不同的生命力量，見證了中華民族共同體的融鑄和我國統一多民族國家的形成與發展。

提到吉林，自古多以千里冰封的寒冷氣候爲人所知，一度是中原人士望而生畏的苦寒之地，一派肅殺之氣。再加上吉林文化在自身發展過程中存在着多次斷裂，致使衆多文獻湮没、典籍無徵，一時多少歷史文化精粹『明珠蒙塵』，因此，形成了一種吉林缺少歷史積澱，文化不若中原地區那般繁盛的偏見。實際上，在數千年的漫長歲月中，吉林大地上從未停止過文化創造，自青銅文明起，從先秦到秦漢，再到隋唐直至明清，吉林地區不僅文化上不輸中原地區，還對中華文化産生了深遠的影響，爲後人留下了衆多優秀古籍，涵養着吉林文化的根脉，猶如璀璨星辰，在歷史的浩瀚星空中閃耀着奪目光輝，標注着地方記憶的傳承與中華文明的賡續。我們需要站在新的歷史高度，用另一種眼光去重新審視吉林文化的深邃與廣闊，通過豐富的歷史文獻典籍去閲讀吉林文化的傳奇與輝煌。

吉林歷史文獻典籍之豐富，源自其歷代先民的興衰更替、生生不息。吉林文化是一個博大精深的體系，從左家山文化的『中華第一龍』，到西團山文化的青銅時代遺址，再到二龍湖遺址的燕國邊城，都見證了吉林大地的文明在中國歷史長河中的肆意奔流。早在兩千餘年前，高句麗人的《黄鳥歌》《人參贊》以及《留記》等文史作品就已在吉林誕生，成爲吉林地區文學和歷史作品的早期代表作。高句麗文人之《新集》，渤海國人『疆理雖重海，車書本一家』之詩篇，金代海陵王詩詞中的『一咏一吟，冠絶當時』，再到金代文學的『華實相扶，骨力遒上』，皆凸顯出吉林不遜文教，獨具風雅之本色。

吉林歷史文獻典籍之豐富，源自其地勢四達并流、山水環繞。吉林土地遼闊而肥沃，山河壯美而令人神往，吉林大地可耕可牧、可漁可獵，無門庭之限，亦無山河之隔，進出便捷，四通八達。沈兆禔在《吉林紀事詩》中寫道，『肅慎先徵孔氏書』，印證了東北邊疆與中原交往之久遠。早在夏代，居住於長白山脚下的肅慎族就與中原建立了聯係。一部《吉林通志》，『考四千年之沿革，挈領提綱；綜五千里之方輿，辨方正位』，從時間和空間兩個維度，寫盡吉林文化之淵源深長。

吉林歷史文獻典籍之豐富，源自其民風剛勁、民俗絢麗。《長白徵存録》寫道，『日在深山大澤之中，伍鹿豕、耦虎豹，非素嫻技藝，無以自衛』，描繪了吉林民風的剛勁無畏，爲吉林文化平添了幾分豪放之感。清代藏書家張金吾也在《金文最》中評議，『知北地之堅强，絶勝江南之柔弱』，足可見，吉林大地與生俱來的豪健英杰之氣。同時，與中原文化的交流互通，也使邊疆民俗與中原民俗相互影響、不斷融合，既體現出敢於拼搏、鋭意進取的開拓精神，又兼具脚踏實地、穩中求實的堅韌品格。

吉林歷史文獻典籍之豐富，源自其諸多名人志士、文化先賢。自古以來，吉林就是文化的交流彙聚之地，從遼、金、元到明、清，每一個時代的文人墨客都在這片土地留下了濃墨重彩的文化印記。特别是，清代東北流人的私塾和詩社，爲吉林注入了新的文化血液，用中原的文化因素教化和影響了東北的人文氣質和文化形態；至近代以『吉林三杰』宋小濂、徐鼐霖、成多禄爲代表的地方名賢，以及寓居吉林的吴大澂、金毓黻、劉建封等文化名家，將吉林文化提升到了一個全新的高度，他們的思想、詩歌、書法作品中無一不體現着吉林大地粗狂豪放、質樸豪爽的民族氣質和品格，滋養了孜孜矻矻的歷代後人。

盛世修典，以文化人，是中華民族延續至今的優良傳統。我們在歷史文獻典籍中尋找探究有價值、有意義的歷史文化遺産，於無聲中見證了中華文明的傳承與發展。吉林省歷來重視地方古籍與檔案文獻的整理出版。自二十世紀八十年代以來，李澍田教授組織編撰的《長白叢書》，開啓了系統性整理、組織化研究吉林文獻典籍的先河，贏得了『北有長白，南有嶺南』的美譽；進入新時代以來，鄭毅教授主編的《長白文庫》叢書，繼續肩負了保護、整理吉林地方傳統文化典籍，弘揚民族精神的歷史使命，從大文化的角度折射出吉林文化的續紛异彩。隨着《中國東北史》和《吉林通史》等一大批歷史文化學術著作的問世，形成了獨具吉林特色的歷史文化研究學術體系和話語體系，對融通古今、賡續文脉發揮了十分重要的作用。正是擁有一代又一代富有鄉邦情懷的吉林文化人的辛勤付出和豐碩成果，使我們具備了進一步完整呈現吉林歷史文化發展全貌，淬煉吉林地域文化之魂的堅實基礎和堅定信心。

當前，吉林振興發展正處在滚石上山、爬坡過坎的關鍵時期，機遇與挑戰并存，困難與希望同在。站在這樣的歷史節點，迫切需要我們堅持高度的歷史自覺和人文情懷，以文獻典籍爲載體，全方位梳理和展示吉林政治、經濟、社會、文化發展的歷史脉絡，讓更多人瞭解吉林歷史文化的厚度和深度，感受這片土地獨有的文化基因和精神氣質。

鑒於此，吉林省委、省政府作出了實施《吉林全書》編纂文化傳承工程的重大文化戰略部署，這不僅是深入學習貫徹習近平文化思想、認真落實黨中央關於推進新時代古籍工作要求的務實之舉，也是推進吉林優秀傳統文化保護傳承、建設文化强省的重要舉措。歷史文獻典籍是中華文明歷經滄桑留下的最寶貴的東西，是吉林優秀歷史文化『物』的載體，彙聚了古人思想的寶藏、先賢智慧的結晶。對歷史最好的繼承，就是創造新的歷史。傳承延續好這些寶貴的民族記憶，就是要通過深入挖掘古籍蘊含的哲學思想、人文精神、價值理念、道德規範，推動中華優秀傳統文化創造性轉化、創新性發展，作用于當下以及未來的經濟社會發展，更好地用歷史映照現實、遠觀未來。這是我們這代人的使命，也是歷史和時代的要求。

從《長白叢書》的分散收集，到《長白文庫》的萃取收録，再到《吉林全書》的全面整理，以歷史原貌和文化全景的角度，進一步闡釋了吉林地方文明在中華文明多元一體進程中的地位作用，講述了吉林人民在不同歷史階段爲全國政治、經濟、文化繁榮所作的突出貢獻，勾勒出吉林文化的質實貞剛和吉林精神的雄健磊落、慷慨激昂，引導全省廣大幹部群衆更好地瞭解歷史、瞭解吉林，挺起文化脊梁、樹立文化自信，不斷增强砥礪奮進的恒心、韌勁和定力，持續激發創新創造活力，提振幹事創業的精氣神，爲吉林高品質發展明顯進位、全面振興取得新突破提供有力文化支撑，彙聚强大精神力量。

爲扎實推進《吉林全書》編纂文化傳承工程，我們組建了以吉林東北亞出版傳媒集團爲主體，涵蓋高等院校、研究院所、新聞出版、圖書館、博物館等多個領域專業人員的《吉林全書》編纂委員會，并吸收國内知名清史、民族史、遼金史、東北史、古典文獻學、古籍保護、數字技術等領域專家學者組成顧問委員會，經過認真調研、反復論證，形成了《〈吉林全書〉編纂文化傳承工程實施方案》，確定了『收集要全、整理要細、研究要深、出版要精』的工作原則，明確提出在編纂過程中不選編、不新創，尊重原本、致力全編，力求全方位展現吉林文化的多元性和完整性。在做好充分準備的基礎上，《吉林全書》編纂文化傳承工程於二〇二四年五月正式啓動。

爲高質量完成編纂工作，編委會對吉林古籍文獻進行了空前的彙集，廣泛聯絡國内衆多館藏單位，尋訪民間收藏人士，重點以吉林省方志館、東北師範大學圖書館、長春師範大學圖書館、吉林省社科院爲收集源頭開展了全面的挖掘、整理和集納；同時，還與國家圖書館、上海圖書館、南京圖書館、遼寧省圖書館、吉林省圖書館、吉林市圖書館等館藏單位及各地藏書家進行對接洽談，獲取了充分而精准的文獻信息。同時，專家學者們也通過各界友人廣徵稀見，在法國國家圖書館、日本國立國會圖書館、韓國國立中央圖書館等海外館藏機構搜集到諸多珍貴文獻。在此基礎上，我們以審慎的態度對收集的書目進行甄别、分類、整理和研究，形成了擬收録的典藏文獻名録，分爲著述編、史料編、雜集編和特編四個類别。此次編纂工程不同於以往之處，在於充分考慮吉林的地理位置和歷史變遷，將散落海内外的日文、朝鮮文、俄文、英文等不同文字的相關文獻典籍一并集納收録，并以原文搭配譯文的形式收於特編之中。截至目前，我們已陸續對一批底本最善、價值較高的珍稀古籍進行影印出版，爲館藏單位、科研機構、高校院所以及歷史文化研究者、愛好者提供參考和借鑒。

『周雖舊邦，其命維新』，文獻典籍最重要的價值在於活化利用。編纂《吉林全書》并不意味着把古籍束之高閣，而是要在『整理古籍、複印古書』的基礎上，加强對歷史文化發展脉絡的前後貫通、左右印證，更好地服務於對吉林歷史文化的深入挖掘研究。爲此，我們同步啓動實施了『吉林文脉傳承工程』，旨在通過『研究古籍、出版新書』，讓相關學術研究成果以新編新創的形式著述出版，借助歷史智慧和文化滋養，通過創造性轉化、創新性發展，探尋當前和未來的發展之路，以守正創新的正氣和鋭氣，賡續歷史文脉、譜寫當代華章。

做好《吉林全書》編纂文化傳承工程是一項『汲古潤今，澤惠後世』的文化事業，責任重大、使命光榮。我們將秉持敬畏歷史、敬畏文化之心，以精益求精、止於至善的工作信念，上下求索、耕耘不輟，爲實現文化種子『藏之名山，傳之後世』的美好願景作出貢獻。

《吉林全書》編纂委員會

二〇二四年十二月

凡例

一、《吉林全書》（以下簡稱《全書》）旨在全面系統收集整理和保護利用吉林歷史文獻典籍，傳播弘揚吉林歷史文化，推動中華優秀傳統文化傳承發展。

二、《全書》收録文獻地域範圍，首先依據吉林省當前行政區劃，然後上溯至清代吉林將軍、寧古塔將軍所轄區域内的各類文獻。

三、《全書》收録文獻的時間範圍，分爲三個歷史時段，即一九一一年以前，一九一二至一九四九年，一九四九年以後。每個歷史時段的收録原則不同，即一九一一年以前的重要歷史文獻，收集要『全』；一九一二至一九四九年間的重要典籍文獻，收集要『精』；一九四九年以後的著述豐富多彩，收集要『精益求精』。

四、《全書》所收文獻以『吉林』爲核心，着重收録歷代吉林籍作者的代表性著述，流寓吉林的學人著述，以及其他以吉林爲研究對象的專門著述。

五、《全書》立足於已有文獻典籍的梳理、研究，不新編、新著、新創。出版方式是重印、重刻。

六、《全書》按收録文獻内容，分爲著述編、史料編、雜集編和特編四類。

著述編收録吉林籍官員、學者、文人的代表性著作，亦包括非吉林籍人士流寓吉林期間創作的著作。作品主要爲個人文集，如詩集、文集、詞集、書畫集等。

史料編以歷史時間爲軸，收録一九四九年以前的歷史檔案、史料、著述，包含吉林的考古、歷史、地理資料等；收録吉林歷代方志，包括省志、府縣志、專志、鄉村村約、碑銘格言、家訓家譜等。

雜集編收録關於吉林的政治、經濟、文化、教育、社會生活、人物典故、風物人情的著述。

特編收録就吉林特定選題而研究編著的特殊體例形式的著述。重點研究認定『滿鐵』文史研究資料和東北亞各民族不同語言文字的典籍等。關於特殊歷史時期，比如，東北淪陷時期日本人以日文編寫的『滿鐵』資料作爲專題進行研究，以書目形式留存，或進行數字化處理。開展對滿文、蒙古文，高句麗史、渤海史、遼金史的研究，對國外研究東北地區史和高句麗史、渤海史、遼金史的研究成果，先作爲資料留存。

七、《全書》出版形式以影印爲主，影印古籍的字體版式與文獻底本基本保持一致。

八、《全書》整體設計以正十六開開本爲主，對於部分特殊内容，如，考古資料等書籍采用一比一的比例還原呈現。

九、《全書》影印文獻每種均撰寫提要或出版説明，介紹作者生平、文獻内容、版本源流、文獻價值等情況。影印底本原有批校、題跋、印鑒等，均予保留。底本有漫漶不清或缺頁者，酌情予以配補。

十、《全書》所收文獻根據篇幅編排分册，篇幅適中者單獨成册，篇幅較大者分爲序號相連的若干册，篇幅較小者按類型相近或著作歸屬原則數種合編一册。數種文獻合編一册以及一種文獻分成若干册的，頁碼均單排。若一本書中收録兩種及以上的文獻，將設置目録。各册按所在各編下屬細類及全書編目順序編排序號，全書總序號則根據出版時間的先後順序排列。

吉林外記

[清]薩英額 撰

提　要

《吉林外記》，又名《吉林外紀》《吉林統志》，是吉林地區第一部志書，吉林將軍衙門主事薩英額撰。

《吉林外記》主要版本可分爲四類，即吉林市博物館藏咸豐元年《吉林外紀》抄本、光緒二十一年《漸西村舍匯刊》刻本、光緒二十三年《小方壺齋輿地叢鈔》鉛印本、光緒二十六年《廣雅書局叢書》刻本。除此之外，關於《吉林外記》版本的記載還有很多。

《吉林外記》成書於道光七年（一八二七），另有説道光六年（一八二六）。作者受將軍富俊之委撰。其在自序中言，『天下府州縣莫不有志，盛京有通志，黑龍江有志又有記。吉林爲我朝發祥根本之地，并無記載，豈非闕典？因於退食之暇，搜羅采訪，集腋成裘』而成書。本書凡十卷，内容上溯清朝初，包括長白山至庫頁島的廣大區域。卷一御製詩歌，卷二疆域形勝、山川、城池，卷三滿洲、蒙古、漢軍、建置沿革、驛站、船艦橋梁，卷四職官、兵額，卷五俸餉倉儲、事宜，卷六學校、學額、儒林文苑、祀祠，卷七田賦、物産、公署、人物，卷八時令、風俗、貞節、雜記，卷九古迹，卷十雙城堡、伯都訥屯田。

作者以『事必證實，言皆有據』爲編撰原則。《吉林外記》記載了清朝初期至中葉吉林地區的疆域、物産、古迹及民俗風情等内容以及清政府對吉林的諸方面管理情況，保存了較多的民族和地方史料，如實反映出當時百姓的生活狀況，對於瞭解清代前期東北疆域沿革、歷史、地理等方面的情況都有很大幫助。同時，作爲吉林省第一部志書，《吉林外記》有『開創』之功，爲以後《吉林通志》《伯都訥鄉土志》等書的撰寫奠定了基礎。本書對研究吉林史地和滿、赫哲等民族的社會歷史等，有重要參考價值。

《吉林外記》是一部内容豐富、史料價值較高的著作，對於研究吉林地區的歷史文化具有重要價值。

爲盡可能保存古籍底本原貌，本書做影印出版，因此，書中個别特定歷史背景下的作者觀點及表述内容，不代表編者的學術觀點和編纂原則。

吉林外記序

天下府州縣莫不有志

盛京有通志黑龍江有志又有記吉林為我

朝發祥根本之地並無記載豈非闕典詔居吉林人員內不乏名家何難濡筆第人地兩生不知風土人情山川地名又多係

國語以漢文字音求解鮮不豕亥此富松巖大憲之所以不委諸外員而命 薩英額 作記也憲諭諄諄責成甚切不便固辭有負大憲問政觀俗作人雅化之意於是退食之暇搜羅採訪集腋成裘雖文采不足觀而事必徵

實言皆有據並攷志內所載略其所詳詳其所略共成數篇分別條類呈正惟是吉林通省舊城遺跡甚多未及遍攷不免挂漏而大憲之蒞吉林四任建義學調劑驛站官莊請書籍梟盜魁（嘉慶二十四年緝獲盜首劉德王五二犯刑司援引擬遣大憲駁飭照響馬強盜得贓例具奏梟示西門外盜劫之風遂息）設雙城堡屯田墾伯都訥閒荒備移京旗閑旗八萬年之生計種種善政不可枚舉自愧學淺不能詳述統俟後之君子吉林堂主事（薩英額）謹識

盛京通志列吉林將軍所屬形勢圖瞭如指掌亦既詳且明矣此圖僅繪

長白山望祭山記瑞也繪松花江及邊柵記關津也繪四
鎮西協記官也一統河舊邊外之長春廳附馬記台站
記堠里也且補通志所無展卷之餘益著同軌之盛焉

吉林外記序　二

吉林外記目錄

吉林外記卷一

御製詩歌

御製松花江放船歌 康熙二十一年

松花江江水清夜來雨過春濤生浪水曡錦繡縠明綵帆畫鷁隨風輕簫韶小奏中流鳴蒼巖翠壁兩岸横孚雲耀日何晶晶乘流直下蛟龍驚連檣接艦屯江城貔貅健甲皆銳精旌旄映水翻朱纓我來問俗非觀兵松花江江水清浩浩瀚瀚衝波行雲霞萬里開澄泓

御製詩經葉赫廢城

斷壘生初草空城尙野花翠華今日幸谷口動鳴笳

入烏拉境

蒼山岌業路緜延野燒荒原起夕煙幾點寒鴉宿枯樹

半灣流水傍行旃

松花江網魚最多頒賜從臣

松花江水深千尺捩柁移舟網親擲溜洄水急浪花翻

一手提網任所適須臾收處激頹波兩岸奔趨人絡繹

小魚沉網大魚躍紫鬣銀鱗萬千百更有巨尾壓船頭

載以牛車輪欲折水寒冰結味益佳遠笑江南誇魴鯽

徧令頒賜扈從臣幕下傳薪遞烹炙天下才俊散四方

網羅成使登巖廊爾等觸物思比託捕魚勿謂情之常

駐蹕烏拉之船廠憶壬戌春夏巡行此地每五日一

奏請

聖祖母太皇太后安今不可得矣書志慨慕

曾問

慈甯草奏箋夜張銀燭大江邊重來往事俄追憶轉眼光

陰十七年

烏拉山嶼閉古木灌莽澤潦偏野即黃龍府之地也

今人未暇詳攷

賦詩二首

層岡翳薈亂高低駿馬迎風不住嘶磧裏草深行潦闊

遲回應惜錦障泥
路轉山環雜古柯覆茅苫舍傍坡陀疆隅湮沒遼金界
虎穴鷹巢處處多

行圍所經輝發葉赫哈達諸屯皆我
祖宗之所開并遺跡存焉賦詩二首

鐵馬金戈百戰時戎衣辛苦首開基榻邊鼾睡聲先定
始布中原一著棋
垣墉遺跡尙山坳略地平城闢土茅盪滌塵沙眞不易
仰思遺烈駐雲旓

御製詩乾隆十九年

七月五日東巡自避暑山莊啟蹕之作

避暑居停逮曉秋朝來清蹕啟龍旂遠人宴賚鴻儀備炎月棲遲馬足休恰悟茲來即向往因思欲進每貪留山田是處蔥華黍未敢先期道有收

上

陵誠蘊十年餘矚日金風行色舒山館南看嶂猶近吉林東指路還紓每懷侯度咨休助常壽

慈盌奉起居七萃能知大義盌因跋涉怨咨予

賜吉林將軍傅森乾隆十九年

數處開牙盡有名大東坐鎮翼陪京將軍底事無勳勣

累洽重熙値太平

入伊屯邊門

部落行將遍吉林望不遙迎人山色近礙路漲痕消村墅經楓葉邊牆進柳條初來原故土所遇匪新招瞻就心何切勤勞意豈驕省方逢大吉寶穡報豐饒

賜吉林將軍及官兵丁宴

黃幔青山暠日晴沛豐懽宴浹羣情恩頒軍士皆皃藻席預嘉賓適鹿鳴時蒙古王公扈駕者亦令入宴卻喜多人能舊舞國朝喜起舞乃舊俗宴樂每用之俗所謂嘛克新者也翻嫌小部鎮新聲本來此地無租賦底用當筵額減征

駐蹕吉林將軍署復得詩三首

霏微夜雨曉來輕啟蹕油雲倏忽生幾點秋霖剛過陣滿空皜日大開晴地靈信是庥祥兆人意都增悅豫情天作高山景仰近應歆切切繼先誠

星漢南來直北流國語松阿里烏拉松阿里者即天河也漢語因名松花江縈迴滸沆衞神州城臨鏡水滄煙上地接屏山綠樹頭輻輳閭閻市中日往來舸艦織清秋設教圖入丹青畫應擬宜城謝氏樓

皇祖當年駐蹕衞迎鑾父老尚能詩詎無灑掃因將敬所喜

樸湣總不奢木柱煙筒猶故俗紙窗日影正新嘉盆中更有仙家草五葉朱旒茁四椏

駐蹕庫勒訥窩集口

窩集夫何許遙瞻已不凡真堪稱樹海乍可悟華嚴紫翠紛閜砢龍蔥鎖粵巖恰如望瀛渤未飲早知鹹

乾隆四十三年

人葠

深山邃谷中蔓枝滋茁歲產既饒世人往往珍為上藥蓋神皋鍾毓厥草效靈亦王氣悠長之一徵耳

輿壤靈區產神草三椏五葉邁常倫即今上黨成凡品

自昔天公薦異珍昔陶弘景稱人蔘上黨者佳今惟遼陽吉林寧古塔諸山中所產者神效上黨之蔘直同凡卉矣氣補那分邪與正人蔘固能扶羸濟弱然余謂其助正氣即助邪火而人多思藉以資補每受其害而不悟亦足嗤矣口含可別僞和眞文殊曰能活能殺冷笑迷而不悟人

貂

烏拉諸山林中多有之人以捕貂爲恆業歲有貢貂額第其等以行賞冬時供御用裘冠王公大臣亦服之以昭章采

東瀛物產富難詳美毳尤稱貂鼠良喜食松皮和栗實色惟重黑乃輕黃貂以豐厚純黑者爲上黃又次之毛澤潤而香則以喜食松栗之實故也

蝨談被困蘇季子狗盜獻嗤齊孟嘗狐白那堪相比擬名裘黼黻佐朝章貂裘可作常服三品以上大臣及京堂翰詹官皆得用之若爲端罩惟以供餘則皇子諸王亦得用爲朝祭之服

東珠

東珠出混同江及烏拉寍古塔諸河中匀圓瑩白大可半寸小者亦如菽顆王公等冠頂飾之以多少分等秩昭寶貴焉

出蚌陰精稱自古大東毓瑞未前聞混同鴨綠二江名圓流顆合浦交州獨產分取自珠軒供賦役採珠者乃打牲烏拉包衣下食糧人戶合數人爲一起謂之珠軒以四月乘舟往至八月回各以所得之珠納之於官如供賦焉殊

他蜑戶效殷勤緯蕭亦識留名喻咕嚳雜更舊制云

松子

松子諸山皆產而遼東所產更勝蓋林多千年之松高率數百尺枝榦既茂故結實大而芳美亦足徵地氣滋培之厚也

篤集林中各種松中生菓者亦稀逢大雲遙望鋪一色寶塔近瞻湧幾重松子生松塔中其形下豐上鋭層瓣鱗砌望之如窣堵每瓣各藏一粒既熟則瓣開而子落鮮切蚌含形磊落三稜五粒味甘濃偓佺曾遺堯弗受小矣子房學步蹤

法喇梳粧也

似橇無足似車無輪冬日御之亦有施氊幄及麅鹿皮圍者以馬牛騾挽行冰雪中穩捷便利

服牛乘馬取諸隨制器殊方未可移以橇以車行以便曰冰曰雪用皆宜孤篷雖遜風帆疾峻坂無愁銜厥危太液栰牀龍鳳飾椎輪大輅此堪思

拉哈　坮牆所綴麻也

築土墪坯爲牆壁以横木約尺許爲一檔綴麻草下垂緣之以施坮墁經久不倒亦國初樸素故俗也

層層坯土砌爲牆綴以漚麻色帶黄婦織男耕斯室處幼孳壯作舊風覆底稱鑿遁顏家闇漫喻操嘻坮者王

故俗公劉傳芮鞫九重此況慎毋忘

霞綳 糠燃也

以蓬梗爲幹搏穀糠和膏塗之燃以代燭用資其亮開國勤儉之風卽可見

搏糠塗梗傅之膏繼日相資夜作勞土障葛燈應憶撲駝頭鳳腦漫誇豪未知勤讀鄰鑿壁且佐服田宵索綯此日舊官試燃者稱先何異土風操

周斐 華皮房也

樺皮厚盈寸許取以爲室覆可代瓦旁作牆壁戶牖卽以山中所產之木用之費不勞而工省滿洲舊風無東

周之陶復陶穴也

野處穴居傳易傳（去聲）樺皮爲室鮮前聞風何而入雨何漏梅異其粱蘭異芬占吉詹頭鵲常報防寒牆角鼠還熏稱名則古惟淳樸卻非斐然周尙文

賜吉林將軍福康安　乾隆四十三年

從征能奮武（福康安以侍郎命征剿金川奮勇著績錄其功授嘉勇男世爵列紫光閣前五十功臣）貳部亦通文知可棟粱任因教節鉞分迎鑾仍扈蹕鑒悃匪嘉勤汝父家聲在（福康安爲故大學士忠勇公傅恆之子）勉之尊所聞

賜吉林將軍慶桂　乾隆四十八年

連疆因覲謁扈蹕日趨隨雖未父書讀慶桂乃尹繼善之子繼善詞臣出身慶桂由父蔭得官猶存世德規俾之習政事曾在軍機處行走已可鎮邊陲夫子訓孟武其言汝尙思慶桂多病且尙有生母故訓之

賜吉林將軍秀林嘉慶十年

皇清發祥始福地接興京境擅山川異人皆弧矢精抒忠盡汝職務本副予誠訓練咸英銳舊章愼勿更

賜吉林將軍松箖嘉慶二十三年

天造邦家肇吉林實故鄉白山發祥遠黑水溯源長守土依前則詰戎率舊章頑民勸教化務令順綱常

倣通志首列

天章所以尊
聖訓而照敬謹也

薩吉夫主政以所編吉林外記見示載尚書富崧巖施惠政多因題其後　馬瑞辰（元伯）

挹婁陳蹟久難尋，安樂今傳治世音。都會盡沿新鴨水，醇風直溯古雞林。金城（雙城堡爲金時故城）獨冀農桑要（王晚香太守新緝雙城堡屯田記略，三屯乃崧巖帥剏造），玉壘三瞻聚戟臨（崧巖帥三任吉林將軍）。賴有文人　載筆桑陰記遍又棠陰

元伯安徽桐城人，進士出身，初任至工部郎中，因公獲罪遣戍瀋陽城，委書院山長，生徒中試二名，著有

成效將軍富俊
奏
賞主事銜升工部副郎又獲咎遣戍黑龍江捐贖回籍見此
記前篇故有此作

吉林外記卷一終

吉林外記卷二

疆域形勝

吉林烏拉在京師東北二千三百里我
朝發祥之始爲滿洲虞獵之地順治十五年因防俄羅斯
造戰船於此名曰船廠後置省會移駐將軍改名吉林
烏拉盛古塔伯都訥三姓阿勒楚喀打牲烏拉各城隸
焉國語吉林沿也烏拉江也以軍民住居沿江之一帶

也康熙二十四五年閒
諭旨內謂幾林烏喇舊志又謂吉臨烏喇白幾與吉臨與林
漢字音同也今通稱吉林從漢語之僞省文也然於國
語不相屬焉其境南至訥秦窩集七百三十里至
長白山一千三百里東至都嶺河甯古塔界四百里西至
威遠堡
盛京界五百七十里北至法特哈門黃山嘴子伯都訥界
一百九十五里遠迎
長白近繞松花扼三省之要衝爲兩京之屏障是吉林烏
拉之形勝也

布特哈烏拉舊爲那拉氏布占泰貝勒之國
太祖討平之授其子孫官職編戶萬家舊城臨江康熙二十
四年改築於舊城之東防水患也
聖祖巡幸駐蹕謂黃龍府即其地賦詩有疆隅湮沒遼金界
虎穴鷹巢處處多之句布特哈譯言虞獵也烏拉江也
故有打牲烏拉之稱打牲漢語也烏拉國語也連讀之
則以烏拉爲地名於國語亦不相屬焉通志亦作打牲
烏拉城在今省城北七十里南至三家村四十里北至
康家屯六十八里東至團山子二十三里西至恩丕口
二十四里皆與省城連界峰呈東嶺屏列一方水漾松

花帶環三面是布特哈烏拉之形勝也以後吉林烏拉書吉林布特哈烏拉書烏拉從漢語省文也

伊通河以河得名河源出額黑峰北出邊外入混同江舊志作易屯河而於河出邊之處又曰一統門易屯一統皆伊通之訛音也在省城西二百九十里東連省會西達開原兩省通衢一水環繞是伊通河之形勝也

額穆赫索囉舊爲集部地也以額穆和湖得名索囉國語東也

太祖命貝勒巴雅喇率兵征東海取鄂摩和索囉屯寨即此額穆赫也音同字異今漢語直稱爲額穆索矣在省城

東三百六十里山衛三方水還一帶是額穆赫索囉之形勝也

巴彥鄂佛囉邊門舊名法特哈以山得名山在法特哈江西高十餘步周數十步形如象蹄山根下有蹄爪之痕

聖祖巡幸駐蹕指門外黃山嘴子改名巴彥鄂佛囉門在省城東北一百八十里門外至黃山嘴子十五里伯都訥界國語法特哈蹄也巴彥富也鄂佛囉山嘴也

伊通門即易屯邊門又稱一統門在省城西北一百九十里門外長春廳界

黑爾蘇邊門即克勒蘇門黑爾蘇

長白山西北河名稱克勒蘇者漢語還音訛也舊志亦作黑爾蘇在省城西北四百六十七里門外蒙古界

布爾圖庫邊門舊名布爾圖庫蘇巴爾漢又名半拉山門布爾圖庫未詳或稱蒙古語完全之義蘇巴爾漢國語塔也以門之東南塔山爲名乾隆年間奉部文裁蘇巴爾漢四字惟稱布爾蘇庫舊志稱布兒得庫蘇巴爾漢門在省城西北四百六十里門外蒙古界

以上四門自法特哈東亮子山至布爾圖庫西威遠堡門圍長六百二十二里邊柵高四尺五寸邊壕寬深各

一丈
聖世遐邇晏康貢琛萬國邊門之設誌疆域也
長春廳蒙古郭爾羅斯地也郭爾羅斯公恭額拉佈坦私招內地民人張立緒等開地嘉慶四年奉
旨派將軍秀林會同盟長拉旺前往查辦將軍秀林等以事閱多年已開地二十六萬餘畝居民二千餘戶未便驅逐
奏請設立通判巡檢彈壓歸吉林將軍管轄在省城西北二百八十里南至伊通邊門十五里省城界東至穆什河一百九十里西至巴延吉魯克山四十里北至吉家

窩鋪一百七十二里皆蒙古界枕山帶河遠鎮沙漠是
長春廳之形勝也
甯古塔國語數之六也　開國方略
六祖各築城分居稱甯古塔貝勒因以爲名又稱以塔爲者
附會也城在今省城東南五百九十里南至土門江朝
鮮界六百里東至海三千餘里西至都嶺河吉林界二
百五十里北至混同江蒙古界六百里南瞻
長白北繞龍江允邊城之雄區壯金湯之
帝里是甯古塔之形勝也
琿春以河得名與朝鮮清源府僅隔一江晝則樵採相

望夜則更鼓可聞

太祖時已有此地八旗世族通譜謂爲舒穆嚕氏滿洲喜爾泰所居之地喜爾泰大學士舒赫德曾祖也地在省城東南一千二百里南至海一百一十里北至佛恩恆山一百二十里寧古塔界東至海二百八十里西至土門江二十里朝鮮界左環滄海右帶門江外控高麗內屏重鎭是琿春之形勝也

伯都訥蒙古謂鶉曰布都訥今通稱伯都訥者轉布爲伯也舊志作伯都訥

國初錫伯所居之地錫伯蒙古別族也或稱有蒙古台吉

薩顔岔一戸居住此地今伯都訥蒙古佐領即其遺屬也城在今省城西北五百四十里南至松花江郭爾羅斯查渾界二里西至同東至蘭陵河阿勒楚喀界一百三十里北至松花江郭爾羅斯八圖界七十里江帶三方田沃萬頃是伯都訥之形勝也

三姓又名依蘭哈拉國語依蘭三哈拉姓也乃努葉勒葛依克勒湖西哩三姓赫哲也赫哲俗稱黑津指黑水爲名也通志稱黑眞

聖祖時三姓赫哲貢貂皮編三姓族長爲三世管佐領因以名城城在省城東北一千三百里南至阿穆蘭呼勒山

盛古塔界二百八十六里北至布雅密河古木訥城黑龍江界四十里東至海四千八百里西至占哈達阿勒楚喀界二百八十里雙江帶環兩山屏障是三姓之形勝也

阿勒楚喀以水得名宋史女貞國居按出虎水之上通志金始祖居布爾噶水之涯至獻祖定居於阿勒楚喀水之側舊作按出虎此爲女貞舊地無疑按清字音按與阿似近出字與楚字同虎字首與喀字首同本處人習於國語轉音之訛也俗稱阿什河亦按出虎之訛音也舊志作阿爾楚喀城在省城東北四百六十里南莫

楞山一百二十里伯都訥界北至松花江七十里蒙古界東至馬彥河二百里三姓界西至蘭陵河一百二十里伯都訥界松花北繞蘭陵東注是阿勒楚喀之形勝也

拉林舊志稱蘭陵以河得名清字拉與蘭林與陵音毋同而轉音不同今通稱拉林轉音之訛也地在省城東北四百里南至拉林河二十里伯都訥界北至松花江一百八十里黑龍江界東至阿勒楚喀河五十里阿勒楚喀界西至拉林河五十里伯都訥界山環東北水繞西南是拉林之形勝也

雙城堡舊名雙城子拉林多歡站西北二十里有土城基二相去甚近城基周圍皆不及一里自城基北叢草迷離閒有居民迤邐百餘里統而名之曰雙城子蓋今故城而莫攷其詳也舊屬拉林協領管界嘉慶二十年將軍富俊軫念旗丁生計親詣履勘以斯地坦平沃衍可以移駐京旗閒散二三千戶
奏定先撥本省閒散開種後移駐京旗設立中左右三屯每屯八旗各旗各分兩翼居中者爲中屯東爲左屯西爲右屯計八授畝有古井田遺風設協領等官督耕並貲彈壓地在省東北四百九十里東西距一百三十里

南北距七十里四面仍皆是拉林界阿勒楚喀在其東伯都訥在其西實省北之大屏障蘭陵西繞松花東注南河北江前襟後帶是雙城堡之形勝也

山川

長白山山海作不咸山唐書作太白山明一統志云在故會寧府南六十里橫亘千里高二百里其巔有潭周圍八十里舊志云在永吉州東南一千三百餘里按故會寧府在寧古塔西南六十里湖爾哈河之南今其内外城遺址俱在永吉州即今吉林寧古塔在吉林東南五百四十餘里

長白山應在會寧府西南六百餘里康熙十六年內大臣武木訥等六月三日由吉林烏喇啟行十六日至山麓則舊志所云在永吉州東南一千三百餘里者是而明一統志所云在故會寧府南六十里者非然康熙二十三年駐防協領勒出等周圍相山形勢廣袤緜亘與明一統志所云無異則其所云在會寧府南六十里者或因金大定十二年即山北建廟冊為興國靈應王有司致祭如今之望祭山人人稱為小白山遂指其建廟處而言歟或山之北延袤盤曲為岡為陵指其支裔而言歟山之靈異為目睹為真因錄方渭仁

長白山記於左

長白山記

遂安方象瑛渭仁著

康熙十有六年四月望

上以長白山發祥要地

特命内大臣覺羅武木訥一等侍衛兼

御前侍衛費耀色一等侍衛塞護理等於大暑前馳驛往五

月四日啟行十四日至

盛京二十三日至烏喇宣

諭鎮守將軍等召村莊獵戶皆無知

長白者都統尼雅漠族祖載穆布魯世採獵以老退閒自

言祖居額赫訥陰聞其父嘗云獵鹿
長白山負以歸四日可抵家以此度之
長白山拒訥陰當不遠因聞訥陰路幾何獵戶噶喇大額
黑等曰陸路行十日水路乘小舟二十日乃命獵人噶
喇前導各持三月糧又慮食盡馬乏不能歸也期將軍
巴海載米一舟候於訥陰於是噶喇大額黑等由舟覺
羅率固山大薩布素由陸六月三日啟行經文德赫恩
河阿虎山庫納訥林雅爾薩河渾陀河法布爾趾河那
丹鄂佛羅地方煇發江拉法河水敦林巴克嗒河納爾
渾河敦敦山卓龍窩河凡數十處抵訥陰而噶喇大等

亦至蓋自江逆溯由瓦努湖河至佛多和河復順流來會纔七日耳十一日發訥陰一望林莽迷不得路薩布素率旗甲二百人伐木開道十二日悉衆行是日薩布素遣顧素等先後馳報前進約百數十里登一山升樹而望遙見遠峯白光片片始長白山也因留噶喇大領黑督呆珠蚌十四日與薩布素等會密樹茂林揣摩開路十六日黎明聞鶴鳴六七聲雲霧迷漫不復見山乃從鶴鳴處覓徑得鹿蹊循之以進則山麓矣始至一處樹木環密中頗坦而圓有草無木前臨水林盡處有白樺木宛如栽植香木叢生黃花燦爛隨移駐林中然雲

霧漫漫無所見也衆惶懼誦
綸音禮甫畢雲披霧捲歷歷可覩莫不歡呼稱異遂攀躋而上有勝地平敞如臺遙望山形長闊近視頗圓所見白光皆冰雪也山高約百里五峯環繞憑水而立頂有池約三四十里無草木碧水澄清波紋蕩漾繞池諸峯望之摇摇若墜觀者駭焉南一峯稍低宛然如門池水不流山間則處處有水左流爲松阿里烏喇河右流爲大小訥陰河瞻眺之頃峯頭游鹿羣皆駭逸惟七鹿忽墜落衆喜曰神賜也蓋登山適七人時正乏食拜而受之回首望山倏復雲霧遂於十八日南回至前登山高望

處一氣杳冥並不見有山光矣二十一日至訥陰河合
流處二十五日至恰庫河則訥陰東流合處也二十九
日由恰庫河歷色克騰圖白黑噶爾漢噶大渾薩滿薩
克錫法克錫松阿里多渾大江險絕處凡九七月二日
次烏喇十二日抵寍古塔遍閱會寍諸府八月二十一
日還京具疏聞
上以發祥之地奇蹟甚多山靈宜加封號下內閣禮部議封
爲
長白山之神歲時享祀如五嶽焉夫封山之典肇始唐虞
然報祀嶽瀆非有關於鍾祥之自也志稱長白山横亘

千里高二百里巔有潭周八十里南注爲鴨綠北流爲
混同
國家隆興所自然至今無知其處者
睿慮周祥穆然念
祖宗所由出專官訪求備歷險巽卒光大典以答神庥其享
天心而致靈貺宜哉謹摭原疏綴葺爲記用志於萬世
無疆之盛云
　記內烏喇卽吉林烏拉也
望祭山卽溫德赫恩山志稱溫德恆山在城西南九里
高一百五十步週五里每歲春秋於山上望祭

長白山之神雍正十一年建望祭殿於此國語温德赫恩
板也
什哈山即龍潭山國語小魚曰尼什哈山之東北有小
河出小魚因以名山山在城東十二里高三百步周十
里四面陡壁西北有車道盤旋而上至其巔林木尤勝
南行百餘步路旁有一池石砌相傳謂鯽魚池也北有
龍潭周五十餘步水色碧而黑無論水旱無長無落周
圍山高樹密遮蓋水面望之寂然遊人以繩繫石投之
數十丈未得其底相傳
國初時潭中有鐵鎖繫於井木之上撼之則山樹動搖後

立廟會男女觀者旅旅褻瀆一夜大風暴雨雷電交作
井木斷折鐵鎖亦失所在潭之西南有二石穴外狹而
内闊伏而入之可以容身無敢深入者探之黑暗有風
又東南林内有樺樹一株高九丈餘徑二尺上下標直
枝葉翦齊乾隆十九年
高宗純皇帝東巡封爲神樹春秋祭祀與龍潭同日
一拉木山即東團山在松花江之東距城八里國語依
蘭數之三也依與一蘭與拉音同一拉木者轉言之訛也
曰東團山者所以別於西也西團山亦距城八里兩峯
相對有左右拱峙之勢焉

北山在城外演武亭北高三百餘步層巒環抱廟宇翬飛俗以廟名其山曰玉皇閣迤東名元天嶺岡巒起伏東西縣亘四十餘里實城北一大屏障也

塞齊窩集穆魯在城東二百九十里俗稱張廣財嶺國語塞齊開闢也窩集密林也穆魯山梁也昔有民人張廣財在此開設旅店行者遂以名嶺嘉慶二十年將軍富俊巡查古塔城十月初五日住宿山店初六日於山嶺頂席地叩祝

萬壽禮成後改名嵩嶺自嶺西至嶺東八十里叢林密樹南接英額嶺北通三姓諸山東西石路崎嶇僅容一車東

出密林至額穆赫索囉四十八里

長白望祭尼什哈一拉木北山嵩嶺之外山之著名通志者有拉發峯倚努山額敦山娘爾馬峯珠魯木克善峯紅石磯子山歪頭磯子山分水嶺喀巴嶺康山刪嶺湖淪嶺撒木禪山俊團山巴彥博多科山阿脊革峯佛爾門山聖音吉林峯佛恩恆山飛得力山南勒克山北勒克山在伊通邊門西南元嘉博多克山阿虎峯何屯朔山額黑峯薩克薩哈山博多克山墩臺山色黑力山八巖喀喇山科七客山哈蘇蘭山衣蘭木哈連山豬蘭山烏綠黎山黑嘴山吉林峯壺蘭峯壽山長嶺子古城山半截塔山白

石山衣車峯昂阿西峯德爾肯山阿脊革何托峯昂邦何托峯扎克丹峯勒楅山鈕黑嶺查庫蘭山香嶺八巖山木當阿煙台山哈兒飛煙山蒙古谷（今稱解花街）納兒渾山富兒哈山大央阿嶺大央阿山牙奇山五里山羅衫山台山博爾科山鄧噶喇山耕客尼馬呼山納爾渾山愛新山大奇木魯山年馬州山敦珠虎山烏爾監峯貴勒赫峯牙克薩山威遠堡山嘉色山凡朮屯齊嶺雅呼達山珠魯木哈連峯虎駐嶺阿兒灘額墨爾山（今稱大孤山）珠魯喀爾必庫（伊通河之左右兩邱也）虎坤堆黑兒蘇山噶喇嶺蒲泊山驢子峯色黑勒峯法西蘭峯羅羅峯馬鞍山噶

哈嶺蒲泊山黑烏郎吉山博屯山臘壺塔山北勒克山布兒圖庫蘇巴兒漢山今稱半拉山西兒灘鄂佛囉山金珠鄂佛羅山商監峯法特哈鄂佛囉山今稱獸蹄山伊漢山法兒馬峯色黑力山黑稜山加松阿山旂䍦山烏兒渾山通墾山英愛山蘇大路山輝賀洛峯窩黑脊峯希喀塔山壺蘭峯布臘山查哈喇峯壁郎吉山莪兒滾爾山庫勒克山蘭陵山荒山哈爾哈山索多和山西里門山和爾托科山錦住峯團山牛山代土蘭峯撒爾達山弗河庫山皆在境內拒省城近者數里遠者數千里大半皆國語音譯多訛僅執通志之所載取而錄之以俟後之

攷正

松花江近城由西南繞東北流一名粟末水或作速末魏書勿吉國有大水闊三里餘名速末水唐書靺鞨依粟末水以居水源於太白山至北注沱漏河是也一名鴨子河一名混同江遼史聖宗太平四年詔改鴨子河曰混同江金史太祖收國元年親征黄龍府次混同江無舟金主使一騎前導乘赭白馬徑涉曰視吾鞭所指而行諸軍隨之水及馬腹後使人視其渡處不可測大定二十五年冊混同江之神爲興國應聖公立廟致祭其文曰江源出於

長白是也一名宋瓦江卽松花之變音明一統志混同江在開原北一千五百里源出長白山舊名粟末水俗呼宋瓦江北流經金故京會盛府下達五國城頭東入於海是也國語松花江有松阿哩烏喇天河名松阿哩故漢語名曰天江乾隆十九年東巡賜天江鎖鑰額懸將軍署四十三年東巡詠盛京土產詩十二首內松花玉出混同口長白分源天漢江是也此歷代稱名之異也地理謂上京路有混同江宋瓦江鴨子河是岐而三之也一統志卽謂混同江在開原城北一千五百里俗呼宋瓦江又曰松花江

在開原北一千里是岐而二之也金史帝紀謂混同江亦名黑龍江是又指下流兩江交會處言之也按松花江發源於

長白山北至吉林折而東又北出法特哈邊門至伯都訥受嫩江又東北至三姓北受黑龍江南受烏蘇哩北又東入於海其原委如此

寍古塔西南百里有一大湖名曰鏡泊木處八呼爲必爾特恩即今阿布湖也源出

長白山羣流湊集至此遂成巨浸廣五六里袤七十里許湖之西南曰虎兒哈河東流入湖之處有一崖曰呼庫

圖崖呼庫圖未詳湖水東注飛瀑躡空奔浪雷吼聲聞數十里謂之響水又名發庫國語魚梁也三四月間日出時水光日色紅綠相映霞彩繽紛崖下奇花異草未易名狀今攷本處人言湖水東流自湖東北口出湖之處有一崖陡壁凌空水勢懸流飛過數十丈行人經過崖下滴水不沾名曰弔水樓

城池

吉林城東西北三面築土爲牆其一千四百五十一丈基寬五尺頂寬二尺五寸高一丈南面倚江無牆西一門東二門偏北曰大東門偏南曰小東門北二門偏西

曰大北門偏東曰巴爾虎門康熙十二年兵力修建乾隆七年改爲官修城内五街由將軍公署通大東門曰河南街通小東門曰糧米行街通大北門曰北街通西門曰西街大西街每街由吉林廳挑放鄉地各一專管呈報軍民命盜事件街道俱用木板鋪墊按左右翼適中地界均有各旗堆撥輪派官兵防守稽察鋪商惟北街西街最盛

舊城

尼什哈城在城東十二里龍潭山上週圍二里南一門北二門

一拉木城在城東南八里一拉木山上週圍一里許東北各一門東西南三門有外城週圍二里許南一門相傳系當年瞭望處常登其巔四望極遠中不平坦又無屋基其說近是

葉赫城在城西四百九十五里舊爲葉赫貝勒所居方四里東西各一門西北有葉赫山城有葉赫商監府城

輝發城在城南三百七十里吉林峯之上方二百步西一門附近有輝發峯下有輝發河城

吉林所屬之伊通額穆赫索囉長春廳等處無城

烏拉城築土爲牆週圍八里基寬三尺高八尺東西南

北各一門康熙四十二年建

城內無市廛惟西門外有向西及南北街市商賈輻輳

寍古塔城四圍土坯砌城內外細泥圬飾方五百八十

五丈基寬二尺頂寬一尺八寸高六尺五寸東西南各

一門北無城門康熙五年兵力修建乾隆四十二年改

為官修

城內無市廛居民鋪商俱在東西南門外惟東門外尤

為叢集居民俱在南門半里許沿江一帶

寍古塔所屬之琿春無城

伯都訥城四圍土坯砌牆兩面細泥圬飾方一千三百

五十丈基寬三尺五寸頂寬二尺五寸高八尺東西南北各一門康熙三十二年兵力修建乾隆三十九年改爲官修

城内鋪商均在南街北街無市東即星散西尤蕭疎

伯都訥所屬之孤榆樹無城

三姓城四圍築土爲牆方一千二十六丈基寬五尺頂寬二尺五寸高七尺東西南北各一門康熙五十四年兵力修建乾隆十七年改爲官修

城内無街市惟西門外街市甚盛

阿勒楚哈城四圍板牆方七百四十五丈乾隆四十八

年改爲土牆基寬三尺頂寬一尺六寸高七尺東西南北各一門雍正七年兵力修建乾隆三十五年改爲官修

城內無街市惟西門外商賈輻輳街道俱係石板鋪墊近亦傾圮不便行旅

城南二里許有金顯祖建都故城俗稱白城有謂爲五國城者誤方四十里高丈餘城壕深六尺許東西南北各一門內有小城及宮殿舊址該處居民嘗挖得金玉銅磁諸器及古銅錢現在猶有在之者該處仕宦住宅腳石及鋪街石板凡有雕花文者俱由此城攜去今過

此地滿城稼穡一望荒涼城西門外二里許有土崗一座高丈餘相傳爲當時點將台云
雙城堡城基方　丈城壕挖竣尚未修城
阿勒楚喀所屬之拉林無城

吉林外記卷二終

吉林外記卷三

滿洲蒙古漢軍

吉林本滿洲故里蒙古漢軍錯屯而居亦皆習爲國語近數十年流民漸多屯居者已漸習爲漢語然滿洲聚族而處者猶能無忘舊俗至各屬城內商賈雲集漢人

十居八九居官者四品以下率皆移居近城三二十里内使晨赴署辦事申酉閒仍復回屯其四品以上職任較繁者不得不移居城内子孫遂多習漢語惟賴讀書仕宦之家防閑子弟無使入莊嶽之閒娶婦擇屯中女不解漢語者以此傳家者庶能返湻還樸不改鄉音耳

滿洲有佛伊徹之分國語舊曰佛新曰伊徹

國朝鼎定以前編入旗者爲佛滿洲佛滿洲内有貝國恩布特哈之分貝國恩國語戶也布特哈虞獵也

國初協領佐領由京補放子孫遺居立戶於此謂之貝國恩舊在

白山一帶虞獵爲生者謂之布特哈伊徹滿洲内又有庫雅喇之分庫雅喇非一部一姓有卽以庫雅喇爲姓者有庫雅喇人而別姓者其居多在盌古塔以東定鼎後入旗伊徹滿洲居三姓烏蘇哩東西入旗又在庫雅喇以後庫雅喇與伊徹滿洲實截然兩項其世襲佐領亦各有分晰故各項伊徹滿洲世襲佐領曰伊徹滿洲佐領庫雅喇世襲佐領曰庫雅喇佐領佛滿洲之異於伊徹滿洲者先世隨同

太祖

太宗撥亂反正立有戰功總之佛與伊徹庫雅喇皆滿洲也

共編入八旗鑲黃正白鑲白正藍爲左翼正黃正紅鑲
紅鑲藍爲右翼左右翼國語曰達斯歡噶喇哲伯勒噶
喇
佛滿洲同族在京者有世襲佐領吉林惟正黃旗有一
世襲佐領色佈青額係布特哈佛滿洲八査樁其始祖
岱山於康熙十三年率族衆投進寧古塔
恩賞世襲佐領然則佛伊徹滿洲之分不待定鼎入旗而國
初之先已早有分別矣庫雅喇伊徹滿洲率族衆來投
者遂編其穆昆達爲世襲佐領阿喇哈穆昆達爲世襲
驍騎校率所屬來投者遂編其嘎山達爲世襲佐領法

拉哈達爲世襲驍騎校自雍正年間將世襲驍騎校裁爲公缺猶有嘎山達法拉哈達世襲佐領者穆昆達漢語族長也阿喇哈漢語副也嘎山達鄉長也法喇哈達里長也故伊徹滿洲佐領下同姓者居多不似佛滿洲佐領下姓氏繁多也陳蒙古俱編入滿洲八旗各佐領下均有二三戶六七戶不等新蒙古亦有世襲佐領陳漢軍編入滿洲鑲黃正白兩旗另立漢軍佐領二

蒙古亦有新陳之分錫伯瓜勒察乃兩大部

太祖癸巳蒙古科爾沁暨葉赫等九國犯我此二部卽在其內至天命四年蒙古科爾沁之嫩烏拉以南凡語言相

同之國俱征服而統定錫伯瓜勒察早編入蒙古旗矣天命七年八年及天聰三年喀勒喀諸部貝勒台吉等屢率所屬來歸天聰九年察哈爾林丹漢死其屬紛紛來歸遣將率兵往收之舉國內附是年各處蒙古俱歸降其居故土者爲藩服其編入旗者即陳蒙古也至後投入旗之新蒙古喀勒喀則台吉阿玉喜之裔也至喀勒喀全部之八十札薩克即今之蒙古外八十旗也巴爾虎台吉阿玉喜之屬下八阿玉喜家譜內初編佐領阿玉喜之姪綽斯克爲巴爾虎世襲佐領可證也錫伯瓜勒察則

太祖時歸服之遺分屬蒙古各王公旗下後役入旗二項八最衆伯都訥本其舊部故康熙三十一年將吉林副都統移駐伯都訥除吉林編設錫伯人等十六佐領外伯都訥編設錫伯佐領三十瓜勒察佐領十至康熙三十八年伯都訥錫伯瓜勒察移駐盛京乃將佐領裁汰今伯都訥所居錫伯乃京王公包衣人有包衣達管之不入旗當差至伯都訥瓜勒察旗人相傳聖祖巡幸吉林時念其隸於蒙古每戶賞銀八十兩贖歸入旗檔案殊無證據

漢軍編入滿洲鑲黃正白兩旗者皆爲陳漢軍其後安置之新漢軍自

國初卽有十官莊二十六驛站二十七邊台官莊當種地打樺皮差使稱曰莊丁驛站當馳送文報差使稱曰站丁邊台當查邊設立柵壕差使稱曰台丁皆另設官治之非如滿洲蒙古卽於本旗本翼內揀選也官莊台站三項設立年分檔案已失順治十五年造戰船康熙二十二年造運糧船設立水手營稱曰水手其官卽於官莊台站水手之入會稽司者揀選水手營入會稽者八百五十六戶官莊台站無攷雍正十一年揀選台站水

手營閒散官莊打樺皮壯丁一千名設立鳥槍營與滿洲蒙古陳漢軍一體當差

建置沿革

吉林古肅慎氏遺墟漢晉挹婁國南北朝勿吉地唐燕州黑水府渤海大氏龍泉府遼長春州金恤品路元合蘭府水達達路明設衛所

順治元年悉裁諸衛設内大臣副都統及每旗駐防十年原設寍古塔昂邦章京一員副都統一員十八年添設佐領八員驍騎校八員十三年添設防禦四員十八年添設佐領十員防禦二員驍騎校康熙元年將昂邦

章京改爲鎮守寧古塔將軍三年添設驛站監都六品官一員佐領一品七年添設協領二員十年由寧古塔移駐吉林副都統一員佐領十一員驍騎校十一員吉林添滿洲協領八員防禦八員庫雅喇佐領十二員驍騎十二員十三年添設防禦十五員管戰船運糧船四品官二員五品官二員十五年寧古塔將軍移駐吉林吉林副都統移駐寧古塔吉林另放副都統一員十六年添設新滿洲佐領二十六員驍騎校二十六員管戰船運糧船驍騎校二員十七年添設新滿洲佐領三員驍騎校三員二十年添設巴彥鄂佛囉伊通黑爾蘇佈

爾圖庫等四邊門防禦四員筆帖式各一員二十三年管戰船四品官五品官驍騎校移駐黑龍江二十五年添設吉林運糧船四品官二員五品官二員六品官二員添設驛站監督六品官一員二十九年移駐黑龍江佐領二十五員防禦十四員驍騎校二十五員吉林添設滿洲佐領五員錫伯漢軍佐領二員防禦十四員驍騎校七員漢軍佐領一缺由京補放添設醫官一員三十一年添設倉官一員由本處補放添設伯都訥印房左右司筆帖式四員吉林副都統移駐伯都訥添設滿洲佐領六員驍騎校六員錫伯佐領十六員驍騎校十

六員喀勒喀巴爾虎佐領八員驍騎校八員又添設錫伯佐領三十員爪勒察佐領十員添設協領二員防禦八員驍騎校四十員二十三年添設左右翼助教官二員蒙古繙譯筆帖式二員俱由
盛京八品筆帖式內補放三十三年添設管檔主事一員由吉林本處選放添設蒙古繙譯筆帖式一員三十四年添設伯都訥倉官一員三十八年添設滿洲佐領一員驍騎校一員錫伯移京裁汰佐領十六員驍騎校十六員錫伯爪勒察等移
盛京裁汰佐領四十員驍騎校四十員四十年裁汰協領

六員添設蒙古佐領二員驍騎校二員二十五年添設寍古塔佐領三員防禦三員驍騎校三員添設滿洲瓜勒察佐領十員驍騎校十員五十三年添設三姓協領一員防禦四員新滿洲佐領四員驍騎校四員筆帖式二員琿春協領一員防禦二員庫爾喀氣佐領三員驍騎校三員庫爾喀氣朝鮮附近居住滿洲三姓筆帖式二員雍正三年添設吉林副都統一員阿勒楚喀協領二員佐領五員防禦二員驍騎校五員筆帖式二員四年添設伯都訥教習官二員裁汰巴爾虎佐領一員驍騎校一員添設陳漢軍佐領一員驍騎校一員五年添設永吉州知州

一員吏目一員寧古塔教習官二員伯都訥長寧縣知縣一員典史一員三姓副都統一員教習官一員琿春協領一員吉林管檔主事一員改爲由京補放添設阿勒楚喀教習官一員六年移駐伊通河佐領二員驍騎校二員由開原移駐防禦二員驍騎校二員八年添設吉林獄官一員九年改吉林左右翼助教官二員由本處選放十年添設三姓副都統一員協領一打牲人佐領六員防禦四員驍騎校六員裁汰副協領一員添設八姓打牲八佐領十員驍騎校十員左右司筆帖式二員教習官二員由烏拉包衣閒散人等挑選兵一千名

添設滿洲協領二員佐領十員防禦八員驍騎校十員在吉林當差添設阿勒楚喀佐領三員驍騎校三員十一年添設三姓防禦八員十二年添設永吉州學正一員乾隆元年添設鳥鎗營參領一員佐領八員驍騎校八員參領佐領缺由京補放裁汰琿春副協領一員阿勒楚喀副協領一員二年添設吉林刑司主事一員九品筆帖式二員理事通判一員三年添設額穆赫索囉佐領一員防禦一員驍騎校一員四年由筆帖式四員內改繙譯筆帖式二員添設三姓倉官一員倉筆帖式二員五年移協領二員佐領十員防禦八員驍騎校十

員並原挑選打牲兵一千名於烏拉地方當差九年添設拉林倉官一員倉筆帖式二員阿勒楚喀筆帖式二員移駐拉林添設拉林副都統一員協領一員十二年裁汰永吉州知州改設吉林理事同知裁汰吏目改設巡檢裁汰州同典史改設巡檢一員十三年裁汰刑司主事一員九品筆帖式一員二十一年添設阿勒楚喀倉官一員筆帖式二員拉林教習官一員由三姓移駐拉林佐領五員防禦八員驍騎校五員添設阿勒楚喀副都統一員二十五年由繙譯筆帖式內改設蒙古繙譯筆帖式一員添設拉林筆帖式二員由烏拉移駐盛

古塔佐領二員驍騎校二員二十六年裁汰巡檢改設辦理蒙古事務委署主事一員二十七年由拉林筆帖式四員內移駐阿勒楚喀二員添設吉林委官六十員拉林四員阿勒楚喀四員烏拉四員伊通河六員額穆赫索囉四員寍古塔三十員琿春九員三姓十五員伯都訥十二員由三姓移駐阿勒楚喀拉林佐領五員二十八年裁汰理事通判一員烏鎗營佐領缺改爲本處陳新漢軍驍騎校內選放三十年編巴爾虎錫伯人等入蒙古旗添設蒙古協領一員裁汰烏拉協領一員防禦四員移駐寍古塔三十四年裁汰拉林副都統歸阿

勒楚喀管轄由拉林移駐阿勒楚喀防禦四員筆帖式二員三十九年由阿勒楚喀移駐拉林防禦一員四十三年烏鎗營參領缺改本處由陳新漢軍佐領内選放改漢軍佐領一缺由本處新陳漢軍驍騎校内選放三十四年由拉林移駐阿勒楚喀筆帖式二員四十年添設烏拉教習官一員無品級筆帖式二員五十四年改吉林管檔主事由本處選放嘉慶五年添設吉林長春廳理事通判一員巡檢一員十五年裁汰委署主事改設伯都訥理事同知一員添設巡檢二員分駐伯都訥孤榆樹十九年添設伊通河巡檢一員雙城堡委協領

一員委佐領二員委驍騎校二員二十三年裁汰吉林
防禦二員移駐雙城堡改爲佐領裁汰烏拉三姓驍騎
校各一員移駐雙城堡協領佐領驍騎校等員均改爲
實任由
盛京義州佐領內裁汰二員復州熊岳驍騎校內裁汰二
員吉林滿洲正白正紅二旗防禦內裁汰各一員改爲
雙城堡實任佐領烏拉三姓驍騎校內裁汰各一員移
駐雙城堡二十四年添設雙城堡委官六員二十五年
添設阿勒楚喀繙譯筆帖式二員雙城堡協領處筆帖
式二員中左右三屯六佐領處各添設筆帖式一員添

設雙城堡協領處委官二員中左右三屯六佐領處添設委官各一員道光六年寧古塔防禦十二員內移駐拉林四員添設關防無品級筆帖式二員即由拉林領催內選放

以上裁添文職俱與現額相符其餘武職不符額數歷年已遠冊檔不全一時難攷然因革損益爲記載之所不可闕姑照造報志書館舊冊開列以俟後之詳查

驛站

吉林共三十八站分兩路監督統轄城內各設關防公所一處關防筆帖式一員關防領催一名每站設筆帖

式領催各一名東路意氣松他拉二小站未設筆帖式歸鄰站筆帖式兼屬大站設壯丁五十名至二十五名小站壯丁十五名至十名共壯丁八百五十名大小站額設牛馬亦如壯丁之數

東路自省城小東門外烏拉站起舊名呢什哈站在城外十里松花江岸北九十里曰額赫穆站八十里曰拉發站六十五里曰退摶站八十里曰意氣松站四十里曰鄂摩霍站八十里曰他拉站六十里曰必爾罕站六十里曰沙蘭站八十里曰蘊古台站在蘊古塔城東門外凡十站大站一小站九計程六百三十五里烏拉站通東西北三路

西路自省城起七十里曰蒐登站七十里曰伊勒門站五十五里曰蘇瓦延站六十里曰伊巴丹站(即驛馬站)六十里曰阿勒灘額墨勒站(即大孤山站)六十里曰黑爾蘇站八十里曰葉赫站四十里曰蒙古霍洛站凡八大站計程五百五十五里以上大小十八站統歸烏拉額赫穆站監督管轄

北路自省城東北六十五里金珠鄂佛囉站起(即哲松站)六十里曰舒蘭站四十五里曰法特哈站四十五里曰登伊勒哲庫站(即秀水甸子)自此分道正北八十里至蒙古卡倫站(小站)又西北四十五里曰盟溫站五十里曰陶賚照

站四十五里曰孫扎保站即五家子站三十五里曰浩色站六十五里曰社哩站七十里曰伯德訥站八十里至齊齊哈爾界茂興站凡十大站計程五百二十五里自蒙古卡倫站起七十里曰多歡站七十里曰薩庫哩站六十五里曰蜚克圖站八十二里曰色勒佛特庫站六十一里曰佛斯亨站七十三里曰富拉琿站七十五里曰崇古爾庫站七十二里曰鄂爾國木索站六十八里曰妙嘎山站至三姓城五里凡十小站計程七百二十二里以上大小二十站統歸金珠鄂佛囉站監督管轄西北路站各支廩給銀五百兩凡馳馹差員照勘合應付

官員一品至九品每站發麇給銀自一錢二分至一錢八分爲止兵每站給口糧銀六分一年應付之數約不過五百兩六月題銷又例於馬十匹內歲補三匹牛十頭內歲補四頭每馬給銀九兩牛給銀七兩統歸六月題銷馬一匹歲領草豆銀十八兩牛一頭歲領草豆銀十二兩秋季報銷

寍古塔至琿春無站亦無旅店有卡倫六處傳遞公文寍古塔西九十里曰瑪勒呼哩一百二十里曰薩奇庫八十里曰噶哈哩四十里曰哈順八十里曰穆克德和七十里曰密占往來行旅自裹餱糧借宿卡倫輜重車

輛間有露宿者俗謂之打野盤

雙城堡初設無站兵力遞送公文道光五年將軍富俊奏請於西北兩路三十八站內抽撤官馬十四牛十頭倒斃草豆銀兩一併撥給由北路各站閑散丁內就近移駐七戶養馬當差每戶官蓋房三間添設筆帖式一員委領催一名仍歸北路監督管理

吉林卡倫

二道河　額赫穆　得恩潭　輝發以上四卡倫官兵每月更換一年不撤調之恩特赫謨特佈赫卡倫以下各處恩特赫謨特佈赫卡倫俱每月更換不撤同此三個頂子

拉法　烏里　蛟哈　舒爾哈　平頂山　荒溝

額赫穆屯　推摶荒地　綏音　爪勒察　羅圈溝　倒木溝　色勒薩木溪　海清溝道光元年奏裁依吉斯渾改設以上十六卡倫官兵兩月更換三月初一日刨夫入山以前出派十月初一日刨夫出山以後撤回謂之雅克什謨特佈赫卡倫以下各處雅克什謨特佈赫卡倫俱春設冬撤同此國語恩特赫謨特佈赫常設也雅克什謨特佈赫堵設也

圍場

恩格木阿林　薩倫　依勒們　蘇瓦延　伊通　庫爾訥窩集　呢雅哈氣　依巴丹　瑪法塔嘎爾罕　汪色　古拉庫以上十一卡倫官兵兩月更換一年不撤亦謂之恩特赫謨特佈赫卡倫

烏拉

喀薩哩 那穆唐阿以上恩特赫謨特佛赫卡倫二 四道梁子 長嶺子 朴家屯 老少屯以上雅克什謨特佛赫卡倫四

額穆赫索囉

壇頰 英額達巴罕以上恩特赫謨特佛赫卡倫二 通溝又名和什赫雅克什謨特佛赫卡倫一

寍古塔

德林 依徹 穆勒恩 霍貞河 嗎勒呼哩 薩奇庫以上恩特赫謨特佛赫卡倫六 昂阿拉岳 呼西喀哩 尼葉赫

佛訥 倭勒恩 嘎思哈 花蘭 尙西 松根

沃羅霍恩嘎爾罕 多勇武 呼郎吉 塔克通吉

烏勒呼霍洛以上雅克什特佛赫卡倫十四

琿春

磨盤山　達爾歡霍洛　蒙古　嘎哈哩　哈順　穆

克德赫密占以上恩特赫訥特佛赫卡倫七　朱倫　阿密達　佛多

西　法依達庫　哈達馬　西圖　呼拉穆　圖拉穆

以上雅克什訥特佛赫卡倫八

伯都訥

嵩吉　團山子　五道河　古井子　二道河以上恩特赫訥

特佛赫卡倫五　哈駿雅克什訥特佛赫卡倫一

三姓

烏思琿河　薩哈連昂阿　音達穆額克沁　鍋伯河
口以上恩特赫謨特佈赫卡倫四　瑪延昂阿　瓦里雅哈霍屯　費
岳吞河　佛勒霍烏珠　瑪泥蘭　法勒圖琿河　圖
雅齋　音達木畢爾罕　西福恩河　郭普奇西　吞
河　温肯昂阿以上雅克什謨特佈赫卡倫十二

阿勒楚喀

多歡　謨勒　費克圖以上恩特赫謨佈特赫卡倫三　費克圖昂阿
佛多霍　海溝　夾信子　馬鞍山以上雅克什謨特佈赫卡倫五
吉林通省恩特赫謨特佈赫卡倫四十四雅克什謨特
佈赫卡倫六十一其卡倫一百零五處各駐隘要以杜

飛颺人參並查偷打牲畜私佔禁山流民等事各卡倫俱派旗下當差散官惟二道河卡倫由將軍衙門印房四司官員內保送簽掣出派得恩潭輝發平頂山三卡倫每年冰凍封江專派協領一員佐領防禦三員往查攬頭刨夫送米耙犂呈報參局計米增減票張並查禁偷砍木植運送口糧次年二月初一日撤回

船艦

吉林

御船四隻內龍船一隻花船一隻如意船一隻輕船一隻俱係乾隆十九年工部匠役承造無歲修拆造

糧船三十隻原設八十隻康熙二十八年裁去五十隻今存三十隻六年大修十二年拆造

䑸船二十隻康熙三十一年設立備用烏拉採捕東珠及本城打樺皮用五年大修十年拆造

渡船七隻在城大門外烏拉站屬尼什哈渡口康熙十一二十五等年設立四隻編列如字一二三四號三年小修粘補六年拆造郭爾羅斯札薩克巴達瑪渡口康熙三十五年設立三隻此項船每六年由吉林水手營重造運去舊船燒燬報部並無小修

以上三項船木俱係水手砍伐營造

康熙二十二年二月內

聖祖仁皇帝念烏喇水陸重鎮輸輓維艱

特命盛京刑部侍郎噶爾圖防守協領殷達渾相視可達混同江河道繪圖進呈復遣噶爾圖等乘小舟自遼河遣烏拉副都統瓦力虎等自易屯口測其水道淺深覆奏

奉
旨設倉四處內地設於巨流河之開城邊外設於鄧子村烏拉設於易屯門及易屯河即伊通河農隙之時運米貯於開城倉內以春秋二季舟運至鄧子村交卸自鄧子村至易屯門百里無水路車運至易屯門倉內由易屯河舟運出易屯口竟達混同江其遼河易屯河俱造運船百隻以瀛台白鷁油船爲式每隻載米二百石爲率其混同江用大船八十隻接運每船載米二百石爲率其遼河運丁滿兵三百名奉天所屬各州縣分派水手六百名每名月給銀一兩仍免其丁地易屯河及混同

江水手俱由甯古塔將軍分派歲以爲常此後各鎭開墾旣廣儲峙有素無事輸輓之勞運船積於無用已多拆毁今仍載其始末以見經理之事隨時異宜有如此云

三姓

渡船四隻在妙嘎山站佛斯亨站渡口各二隻乾隆二十五年設立三年粘補小修七年拆造

伯都訥

渡船六隻在嫩江渡口康熙二十五年設立三年小修粘補七年拆毁

拉林

渡船二隻在喀薩哩渡口雍正五年設立三年小修粘補七年拆造

以上三項船木俱係本城兵丁砍伐由吉林水手營造

橋梁

吉林

遵法板橋一座在城內將軍公署南官項修建

板橋二座一在城小東門內糧米行街東南隅一在城小東門外雍正九年官項修建

茶棚菴橋一座在城北門外十二里民力修建

伯都訥

珠魯多渾河橋一座在城東二百九十里民力修建

寧古塔

石甸子橋一座在城西一百里黑石甸子石空處里民修建

吉林外記卷三終

吉林外記卷四

職官

兵額

職官

歷任將軍

巴　海滿洲鑲藍旗人康熙元年陞駐防昂邦章京爲甯古塔將軍十五年移駐吉林

音　圖滿洲正紅旗人康熙二十二年任

佟　保滿洲正黃旗人康熙二十八年任

沙納海滿洲鑲黃旗人康熙三十五年任

宗室揚福滿洲正藍旗人康熙三十九年任

覺羅蒙古洛 滿洲鑲藍旗人康熙四十八年任

穆森 滿洲鑲白旗人康熙五十四年任

宗室巴賽 滿洲鑲藍旗人奉恩輔國公康熙五十七年任

哈達 滿洲正藍旗人雍正五年任

常德 滿洲鑲黃旗人雍正八年任

都賚 滿洲正藍旗人雍正十年由副都統署任

吉當阿 滿洲正黃旗人乾隆六年任

鄂爾達 滿洲正白旗人乾隆八年任

博第 滿洲正藍旗人乾隆八年任

巴靈阿 滿洲正黃旗人乾隆九年任

阿蘭泰蒙古正白旗人乾隆十一年任

永興滿洲正白旗人乾隆十三年任

新柱滿洲鑲黃旗人乾隆十五年任

卓奈滿洲正藍旗人乾隆十五年任

覺羅額勒登滿洲正紅旗人乾隆二十年任

傅森滿洲鑲黃旗人乾隆二十一年任

宗室薩爾善滿洲正白旗人乾隆二十五年任

宗室恒魯滿洲鑲藍旗人奉恩輔國公乾隆二十五年任

富良滿洲鑲黃旗人頭等敦惠伯乾隆三十四年任

富椿滿洲鑲紅旗人奉恩輔國公乾隆三十五年任

福康安滿洲鑲黃旗人御前侍衛內大臣三等嘉勇男乾隆四十二年任後陞大學士授川陜楚大將軍追封郡王

霍隆武滿洲正黃旗人御前侍衛果勇侯乾隆四十三年任

宗室永瑋滿洲鑲藍旗人乾隆四十七年任

慶桂滿洲鑲黃旗人乾隆四十七年任

都爾嘉滿洲正白旗人乾隆四十九年任

慶桂滿洲鑲黃旗人乾隆五十三年二任由兵部尚書來署後陞大學士

宗室恆秀滿洲正白旗人乾隆五十四年任

宗室琳寍滿洲鑲藍旗人乾隆五十四年任後陞大學士

宗室恆秀滿洲正白旗人乾隆五十六年二任

保琳滿洲正黃旗人乾隆五十九年任
秀林滿洲鑲白旗人乾隆六十年任
富俊蒙古正黃旗人嘉慶八年任
秀林滿洲鑲白旗人嘉慶八年二任後陞吏部尚書
賽沖阿滿洲正黃旗人世襲一等輕車都尉嘉慶十五年任後陞御前大臣
喜明滿洲正藍旗人嘉慶十八年任
富俊蒙古正黃旗人嘉慶十九年二任
松稌蒙古正藍旗人嘉慶二十二年任
富俊蒙古正黃旗人嘉慶二十三年三任
松稌蒙古正藍旗人道光三年二任

松筠 蒙古正藍旗人前任大學士道光三年任

富俊 蒙古正黃旗人太子太保己亥年進士世襲騎都尉道光四年四任由理藩院尚書調補後陞協辦大學士

吉林副都統

安珠瑚 滿洲正黃旗人康熙十年任由寧古塔調補後陞將軍

西山 滿洲正白旗人康熙十五年任

斡里瑚 滿洲鑲白旗人康熙二十年任

巴爾達 滿洲正白旗人康熙二十八年任三十三年缺裁雍正三年復設

威色 滿洲正藍旗人雍正三年任

武扎拉 滿洲鑲藍旗人乾隆四年任

宗室松阿里滿洲正藍旗人乾隆十四年任

額勒登額滿洲正藍旗人乾隆十九年任

普慶滿洲鑲黃旗人乾隆二十二年任

宗室增海滿洲正藍旗人乾隆二十二年任

富良滿洲鑲黃旗人乾隆二十八年任後陞將軍

富珠哩滿洲鑲黃旗人乾隆二十八年任

永安滿洲鑲紅旗人乾隆三十一年任

明亮滿洲鑲黃旗人乾隆三十一年任後陞大學士

編柱滿洲鑲白旗人乾隆三十三年任

僧保滿洲正黃旗人乾隆三十七年任

富僧額 滿洲正黃旗人乾隆三十八年任

明英 滿洲正紅旗人乾隆三十八年任

克興額 滿洲鑲藍旗人乾隆四十四年任

烏靈阿 滿洲正紅旗人乾隆四十六年任

索柱 滿洲正黃旗人兼烏拉總管乾隆五十一年任

巴林木達 滿洲正黃旗人乾隆五十三年任

索喜 滿洲鑲白旗人乾隆五十三年任

秀林 滿洲鑲白旗人乾隆五十八年任後陞吏部尚書

賽冲阿 滿洲正黃旗人乾隆五十九年任後陞御前大臣

吉祿 滿洲正黃旗人兼烏拉總管嘉慶二年任

達　祿滿洲鑲紅旗人嘉慶七年任

宗室伊鏗額滿洲鑲藍旗人鎮國將軍嘉慶十三年任

額勒渾滿洲正黃旗人嘉慶十五年任

宗室玉衡滿洲鑲藍旗人嘉慶十五年任

德盛阿滿洲鑲藍旗人嘉慶十五年任後陞將軍

松　箖蒙古正藍旗人嘉慶十五年任後陞將軍

祿　成蒙古正紅旗人嘉慶十一年任後陞將軍

富登阿索倫鑲黃旗人嘉慶二十四年任

倭楞泰滿洲鑲藍旗人年班入覲賞換花翎道光四年任

寧古塔副都統

海　塔滿洲正白旗人順治十五年任

尼喀立滿洲正白旗人順治十五年任

滿　貴滿洲鑲藍旗人順治十八年任

滿　丕滿洲正藍旗人康熙六年任

瑚巴克泰滿洲正白旗人康熙六年任

安珠瑚滿洲正黄旗人康熙六年任後陞將軍

蒯　齊滿洲正白旗人康熙十年任

錫　三滿洲正藍旗人康熙十五年任

薩布素滿洲鑲黄旗人康熙十七年任後陞將軍

雅　泰滿洲正紅旗人康熙二十二年任

根頭　滿洲鑲紅旗人康熙三十三年任

保定　滿洲正白旗人康熙三十八年任

噶爾圖　滿洲正黃旗人康熙四十二年任

瑪奇　滿洲正白旗人康熙四十六年任

阿岱　滿洲正藍旗人雍正元年任

常德　滿洲鑲黃旗人雍正五年任

巴爾岱　滿洲正白旗人雍正十一年任

長生　滿洲鑲藍旗人乾隆元年任

圖納　滿洲鑲白旗人乾隆七年任

伊倫泰　滿洲鑲紅旗人乾隆十年任

覺羅額勒登滿洲正紅旗人乾隆十七年任

宗室和綳額滿洲正藍旗人乾隆二十一年任

富僧額滿洲正黃旗人乾隆二十四年任

宗室增海滿洲正藍旗人乾隆二十八年任

明亮滿洲鑲黃旗人乾隆三十三年任後陞大學士

編柱滿洲鑲白旗人乾隆三十七年任

富珠哩滿洲鑲黃旗人乾隆三十七年任

達松阿蒙古正黃旗人乾隆四十二年任

安臨蒙古正白旗人乾隆四十八年任

那奇泰滿洲正藍旗人乾隆五十四年任後陞將軍

慶　霖滿洲鑲黃旗人乾隆六十年任後陞將軍

富尼善滿洲鑲黃旗人由布政使補放嘉慶三年任

郭勒明阿滿洲鑲藍旗人嘉慶六年任

富登阿索倫鑲黃旗人嘉慶九年任

德盈阿滿洲鑲藍旗人嘉慶十五年任後陞將軍

達斯呼勒岱滿洲正黃旗人嘉慶十九年任

和　福滿洲正白旗人道光三年任

伯都訥副都統

扎隆阿滿洲正黃旗人乾隆二十八年任

覺羅佟福柱滿洲正藍旗人乾隆三十二年任

克興額滿洲鑲藍旗人乾隆三十八年任

宗室普正滿洲正紅旗人乾隆四十四年任

烏雅勒達滿洲正白旗人乾隆四十四年任後陞參贊大臣

僧保滿洲正黃旗人乾隆五十三年任

索喜滿洲鑲白旗人乾隆五十八年任

宗室斌靜滿洲鑲紅旗人輔國將軍嘉慶七年任

宗室伊鏗額滿洲鑲藍旗人嘉慶七年任

達斯胡勒岱滿洲正黃旗人嘉慶九年任後賞都統銜

宗室伊鏗額滿洲鑲藍旗人嘉慶十三年任

恆福滿洲鑲黃旗人嘉慶十三年任

色爾滾打牲正黃旗人都統銜嘉慶十五年任

宗室玉衡滿洲鑲黃旗人嘉慶十五年任

和福滿洲正白旗人嘉慶二十四年任

蘇倫保滿洲正黃旗人道光三年任後賞都統銜

碩德滿洲鑲紅旗人道光四年任

三姓副都統

阿米納滿洲正白旗人康熙五十三年以協領駐防

錫巴立滿洲鑲藍旗人康熙六十年以協領駐防

松特滿洲正黃旗人雍正四年以協領駐防

花賴滿洲鑲紅旗人雍正五年以協領駐防

重　替　滿洲正黃旗人雍正六年以協領駐防以上俱副都統職銜自雍正七年改實任

覺羅七十五　滿洲鑲黃旗人雍正七年任

重　替　滿洲正黃旗人乾隆元年二任

清　葆　滿洲鑲紅旗人乾隆九年任

德　盛　滿洲鑲黃旗人乾隆十八年任

三　格　滿洲正白旗人乾隆十九年任

傅爾松阿　滿洲正藍旗人乾隆十九年任

富僧額　滿洲正黃旗人乾隆二十三年任

敦　柱　蒙古鑲黃旗人乾隆二十四年任

巴　岱　滿洲鑲白旗人乾隆二十四年任

額爾齊木蒙古鑲藍旗人乾隆二十六年任

敦　柱蒙古鑲黃旗人乾隆二十七年二任

舒通阿滿洲正白旗人乾隆三十一年任

富珠哩滿洲鑲黃旗人乾隆三十一年任

郭木布滿洲正紅旗人乾隆三十五年任

舒通阿滿洲鑲紅旗人多羅克勤郡王乾隆三十九年任

宗室雅朗阿滿洲正黃旗人乾隆四十年任

穆爾泰滿洲正黃旗人乾隆四十年任

宗室普正滿洲正紅旗人乾隆四十四年任

明　英滿洲正紅旗人乾隆四十五年任

富珠哩乾隆四十九年二任

那奇泰乾隆五十年任後陞將軍

額勒伯克乾隆五十四年任

賽冲阿嘉慶二年任後陞　御前大臣

慶保嘉慶六年任

額勒恆額嘉慶七年任

額勒琿嘉慶九年任

達松阿嘉慶十二年任

果勒明阿嘉慶十六年任

扎坦保道光二年任

吉勒通阿 道光五年任

阿勒楚喀副都統

巴岱 滿洲鑲白旗人乾隆二十三年任

敦柱 滿洲鑲黃旗人乾隆二十五年任

舒通阿 滿洲正白旗人乾隆二十七年任

耀成 滿洲正藍旗人乾隆二十八年任

托雲 滿洲鑲黃旗人乾隆四十年任

富珠哩 滿洲鑲黃旗人乾隆四十九年任

額勒伯克 蒙古旗人乾隆五十年任

德清阿 宗室乾隆五十四年任

烏雅勒達滿洲正白旗人嘉慶七年任後陞參贊大臣

佈蘭泰滿洲正紅旗人嘉慶十一年任

色爾滚達呼哩正黃旗人都統銜嘉慶十五年任

穆騰額滿洲正白旗人嘉慶二十五年任

精欽保滿洲正白旗人乾清門行走道光五年任

附拉林副都統乾隆九年設三十四年裁

巴爾品滿洲正黃旗人乾隆九年任

瑪爾拜滿洲正白旗人乾隆十二年任

滿福滿洲鑲藍旗人乾隆十三年任

圖多歡滿洲鑲紅旗人乾隆二十二年任

綽克托滿洲正紅旗人乾隆二十七年任

特克慎滿洲正藍旗人乾隆二十九年任

堂主事

永安吉林滿洲正藍旗凌泰佐領下人乾隆五十五年任後陞盛京工部員外郎

順安吉林滿洲正紅旗和欽保佐領下人嘉慶二年任後陞盛京刑部員外郎

興祿吉林滿洲鑲白旗烏雲泰佐領下人嘉慶十年任現任工部都水司員外郎

富珠禮吉林滿洲正白旗圖勒斌佐領下人嘉慶二十年任現任歸綏道

薩英額吉林滿洲正黃旗蘇勒芳阿

永安以前補放京員

同知

圖善　正白旗滿洲都統常安佐領下人乾隆二十七年任

灶神保　正白旗滿洲王保佐領下人乾隆三十四年任

達哈布　鑲紅旗滿洲貴保佐領下人乾隆三十五年任

那昌阿　鑲黃旗滿洲達福佐領下人乾隆四十年任

玉柱　正白旗滿洲噶爾炳阿佐領下人乾隆四十四年任

常齡　正藍旗滿洲國祥佐領下人乾隆五十三年任

瑚唐阿　鑲白旗滿洲都統永和佐領下人乾隆五十三年任

富綸　鑲黃旗滿洲孚蘭泰佐領下人乾隆五十八年任

碩隆武　正白旗滿洲索渾佐領下人嘉慶三年任

舒成　鑲紅旗滿洲瑚圖禮佐領下人嘉慶七年任

白瑛鑲紅旗滿洲吉爾通阿佐領下人嘉慶九年任

富元正黃旗蒙古烏爾德尼佐領下人嘉慶十一年任

富爾松阿鑲藍旗蒙古富醸阿佐領下人嘉慶十九年任

錦珠勒覺羅鑲藍旗滿洲奇爾薩佐領下人嘉慶二十五年任

學正

張瑜直隸廣平府磁州人乾隆二十六年任

安學元正定府贊皇縣人乾隆三十八年任

宋開元順天府宛平縣人乾隆四十一年任

胡惺天津府慶雲縣人乾隆四十三年任

柴梅河間府故城縣人乾隆五十年任

孟文人 宣化府延慶州人乾隆五十一年任

董啟祥 天津府天津縣人乾隆五十八年任

王丕振 正定府唐縣人乾隆六十年任

董啟祥 天津府天津縣人嘉慶六年二任

孫鉽 天津府天津縣人嘉慶二十三年任

楊灝 順天府昌平州人嘉慶二十五年任

楊日枬 河間府獻縣人道光五年任

巡檢

潘宏德 四川成都府成都縣人乾隆十四年任

金以權 浙江紹興府會稽縣人乾隆二十三年任

陳宗儒浙江紹興府諸暨縣人乾隆四十年任

趙萬清順天府大興縣人乾隆四十七年任

丁鳳梧順天府大興縣人乾隆五十年任

陶家賓順天府大興縣人乾隆五十九年任

柴斗佑順天府大興縣人乾隆六十年任

丁榮祖順天府大興縣人嘉慶八年任

張繼武湖北武昌府江夏縣人嘉慶十六年任

汪　治順天府大興縣人祖籍浙江道光四年任

伊通巡檢

張雲鵬直隸永平府灤州人嘉慶十九年任

吳介禧 順天府宛平縣人嘉慶二十五年任

胡承先 道光二年任

李瑛 浙江紹興府山陰縣人道光二年任

賀選 直隸保定府清苑縣人道光六年任

長春廳通判

六雅圖 蒙古鑲黃旗色布興額佐領下人嘉慶六年任

阿成 正藍旗滿洲鄂爾衢圖佐領下人嘉慶十二年任

六雅圖 病痊仍補原缺嘉慶十六年任

福納 鑲黃旗滿洲公喜倫佐領下人嘉慶二十一年任

那靈泰 正白旗滿洲富安泰佐領下人嘉慶二十五年任

常　喜正紅旗滿洲托恩多布佐領下人貢生道光四年任

巡檢

潘玉振嘉慶五年任

吳介禧嘉慶十三年任

周　鎮嘉慶二十二年任

張家務道光四年任

伯都訥同知

慶　臣嘉慶十六年任

施蒙額嘉慶十八年任

富盛阿嘉慶二十二年任

文慶道光元年任

松奎道光五年任

伯都訥巡檢

茅鎮嘉慶十六年任

左宜道光四年任

孤榆樹屯巡檢

譚仁溥嘉慶十六年任

易開泰嘉慶二十四年任

以上

將軍副都統主事同知通判學正巡檢俱查明歷任列

敘其協領以下文武各官僅開額數不便挨年悉載以省煩贅

官兵

吉林

八旗滿洲協領八員佐領四十員騎都尉三員防禦二十二員雲騎尉十員驍騎校四十員恩騎尉十三員七品監生二員八品監生八員兵二千五百一十一名弓鐵匠九十八名

蒙古旗協領一員佐領八員雲騎尉三員驍騎校八員八品監生一員兵四百零一名弓鐵匠十三名

鳥鎗營漢軍參領一員佐領八員驍騎校八員兵六百零八名弓鐵匠十六名

水手營四品官二員五品官二員六品官二員領催八名水手二百五十名木艌繩匠四十五名

管站監督各站筆帖式領催壯丁數目已詳驛站類

左右翼助教官二員倉官一員倉筆帖式二員領催二名

將軍公署理刑九品筆帖式一員滿洲筆帖式六員繙譯筆帖式四員蒙古繙譯筆帖式一員書吏二名衙役十四名番役二十名仵作二名學習仵作二名獄官一

員禁卒三十名
烏拉協領一員佐領八員防禦四員雲騎尉三員驍騎
校七員七品監生一員筆帖式二員教習一員兵六百
九十七名弓鐵匠二十名
伊通佐領二員防禦二員驍騎校四員兵二百名
額穆赫索囉佐領一員防禦一員雲騎尉一員驍騎校
一員兵一百二十名
四邊門防禦各一員兵各二十名總領催各一名台領
催各七名台丁各一百五十名
　　盜古塔

協領二員佐領十二員騎都尉二員防禦八員雲騎尉十員驍騎校十二員恩騎尉四員八品監生二員倉官一員倉筆帖式二員

副都統公署筆帖式四員教習二員兵一千三百二十名番役十名仵作二名弓鐵匠二十四名

琿春

協領一員佐領三員防禦二員雲騎尉六員驍騎校三員恩騎尉一員八品監生二員筆帖式二員教習一員兵四百三十名

伯都訥

協領二員佐領十二員防禦八員雲騎尉四員驍騎校十二員恩騎尉一員八品監生一員

副都統公署筆帖式四員倉官一員倉筆帖式二員教習二員兵一千名弓鐵匠三十五名擺渡領催二名水手五十八名番役十名仵作一名學習仵作一名

三姓

協領二員佐領十五員騎都尉一員防禦八員雲騎尉三員驍騎校十四員八品監生三員倉官一員倉筆帖式二員

副都統公署筆帖式四員教習二員兵一千三百七十

名番役十名弓鐵匠四十名仵作一名學習仵作一名

阿勒楚喀

協領一員佐領七員委佐領一員防禦八員雲騎尉二員驍騎校六員八品監生一員倉官一員倉筆帖式二員

副都統公署筆帖式六員教習一員兵六百四名水手六名弓鐵匠五名番役十名仵作一名學習仵作一名

由京移駐閑散滿洲一千三百七十六名

拉林

協領一員佐領六員委佐領二員防禦四員雲騎尉一

員驍騎校七員倉官一員倉筆帖式二員關防筆帖式
二員教習一員兵六百四名弓鐵匠五名水手十四名
仵作一名學習仵作一名由京移駐閑散滿洲一千三
百三十九名

雙城堡

協領一員佐領六員驍騎校八員由
盛京移駐墾地閑散一千名由吉林烏拉伯都訥阿勒楚
喀拉林移駐墾地閑散二千名兵一百五十三名內有
無品級筆帖式九員委官八員
以上文武官四百八十四員世襲官八十九員兵一萬

零九十八名弓鐵匠二百五十六名木艌繩匠四十五名水手領催八名撥渡領催二名水手三百二十八名（吉林　伯都訥　長春廳）廳署門子各二名皁隸各十名馬快各四名民壯各三十名捕役各八名庫丁各一名禁卒各二名傘扇轎夫各七名仵作各一名六房各有經制一名

（吉林　伯都訥　長春廳　伊通　孤榆樹）巡檢公署攢典各一名皁隸各四名馬快各一名門子各一名

吉林外記卷四終

吉林外記卷五

俸餉倉儲

事宜

俸餉銀

將軍俸銀一百八十兩養廉銀一千五百兩八役工食銀二百七十六兩

副都統俸銀一百五十兩養廉銀五百二十兩八役工食銀一百八十兩

協領參領俸銀一百三十兩

騎都尉兼雲騎尉俸銀一百三十五兩

佐領四品官俸銀一百五兩

驍騎都尉俸銀一百十兩

防禦兼雲騎尉俸銀八十五兩

防禦五品官俸銀八十兩

主事俸銀六十兩米三十倉石

理事同知俸銀八十兩養廉銀五百二十七兩六錢

理事通判俸銀六十兩養廉銀二百兩

學正俸銀四十兩

巡檢俸銀三十一兩五錢二分養廉銀三十一兩五錢

驍騎校六品官俸銀六十兩

七品管站監督助教官俸銀四十五兩米二十二倉石五斗由無品級筆帖式補放者作爲八品俸銀四十兩米二十倉石

恩騎尉俸銀四十五兩

廕生俸銀四十兩

生監補放筆帖式者作爲八品俸銀二十八兩米十四倉石領催前鋒補放無品級筆帖式者俸銀三十六兩米十五倉石一斗披甲補放無品級筆帖式者俸銀二十四兩米十五倉石一斗理刑九品筆帖式俸銀二十一兩一錢一分四釐米十一倉石一斗一升四合以上各筆帖式補放倉官仍食原俸米

獄官俸銀三十一兩五錢二分

醫官藥資銀四十兩每日支口糧九升九合六勺

領催前鋒餉銀三十六兩甲兵驛站邊門官莊領催俱二十四兩水手邊台領催俱十八兩養育兵看守

白山拜唐阿弓鐵木艌匠水手番役仵作皆十二兩

以上官兵一年共應領俸餉銀三十一萬六千七百有奇

庫貯備用銀

吉林八萬兩

寧古塔二萬兩

伯都訥一萬兩

三姓一萬五千兩

阿勒楚喀五千兩

以上共銀十三萬兩內每年各城官參局辦票動支

接濟刨夫並發給各站一年買補倒斃牛隻草豆暨

往返馳驛等差供應廩糧支給新放官員俸餉及官

兵孀婦應領春秋二季半俸餉又節婦建坊銀俱年

終造冊由　盛京戶部領取歸款

官差支借銀

吉林一萬七千兩

盛古塔六千兩

三姓五千兩

伯都訥三千三百兩

阿勒楚喀一萬二千七百兩

以上共銀三萬四千兩俱在各城存貯借給出差兵丁按四季扣還每年仍將已未扣完數目報部核銷

牛具銀

吉林二萬兩

寍古塔七千兩

伯都訥四千兩

三姓六千兩

阿勒楚喀三千兩

以上共銀四萬兩俱在各城存貯借給無牛種地兵丁按八季扣還每年仍將已未扣完數目報部核銷

賞銀

吉林四千兩

寗古塔二千兩

伯都訥一千三百兩

三姓一千六百兩

阿勒楚喀一萬七千一百兩

以上共銀二萬六千兩俱在各城存貯

賞給官兵紅白事暨發給養贍殘疾閑散滿洲每年題銷

年終仍由
盛京戸部領取歸款

倉儲

吉林公倉額存糧七萬石
義倉額存糧三萬四千石
寧古塔公倉額存糧二萬五千石
義倉額存糧一萬一千石
琿春義倉額存糧二千五百石
伯都訥公倉額存糧二萬五千石
義倉額存糧一萬石

三姓公倉額存糧三萬石
義倉額存糧一萬二千石
阿勒楚喀公倉額存糧二萬五千石
義倉額存糧五千石
拉林公倉額存糧二萬五千石
義倉額存糧五千石
每年印房四司官參局理事廳例應
題奏咨部事宜
印房
一四月內應

奏烏拉採捕東珠官兵起程摺

一六月內應

奏慶賀

萬壽正副

表文二分

一七月內應

奏恭叩

萬壽摺將軍副都統及各城副都統同列銜

一八月內應

奏慶賀

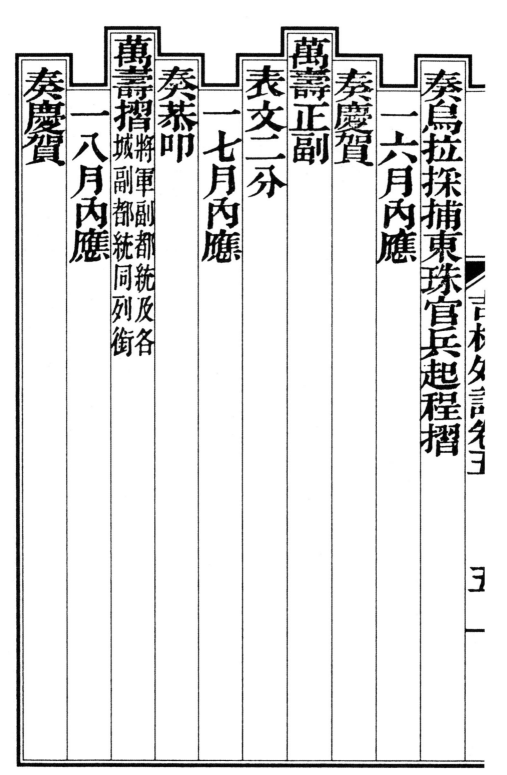

皇太后萬壽正副
表文二分
一九月內應
奏慶賀長至正副
表文四分
一應
奏採捕東珠數目摺
一十月內應
奏由圍場進鮮貢單
一十一月內應

奏慶賀
元旦正副
表文四分
初次恭
進鱘鰉魚摺
二次恭
進鱘鰉魚摺
一十二月内應
奏恭叩
元旦摺一分將軍副都統及各城副都統同列銜

聖駕謁
陵　巡幸各地方計起　鑾回蹕之日先行奏接送
駕請
安摺將軍副都統及各城副都統同列銜
一四司參局理事廳應奏本摺俱各屆期具稿呈書後
送印房恭繕拜發
一每年
奏摺內欽奉
硃批於年終查明次數敬謹包封呈交軍機處
戶司

一公倉額存糧七萬石除額存外其餘糧石每年支給文員俸米等項之用備存四千石又餘者照例比時價減銀一錢糶賣與旗人仍將支給存賸存糧數於六月内造冊咨送戶部核銷

一吉林各處公倉除額存外餘糧糶賣銀兩作爲一年各項官工之用用賸銀兩每年於四月内造冊咨送戶部核銷

一吉林各處每牛彔立牛具一具撥兵三名耕種義倉地畝吉林共牛具一百四具每具每年四十八倉石核計應交義倉糧四千九百九十二石除額存八萬

石外餘糧糶賣仍將交納糶賣糧數於三四月內造
冊咨送戸部核銷
一吉林各處義倉除額存外餘糧糶與兵等所得銀兩
作爲買補義倉耕牛修理義倉並買補農器之用用
剩銀兩每年於四月內造冊咨送戸部核銷
一吉林各處官兵俸餉造冊每年於十一月內派員赴
盛京戸部領取
一每年於同知解交稅銀內撥出銀一千兩支給衙門
公用硃墨紙筆並書役工食之費用過銀兩照例每
年於三月內

題銷外仍造冊咨送戶刑二部

一致祭

長白山照定額應備養黑牛二十條豬二十口羊二十隻

每年將用剩數目於四月內造冊咨送

盛京禮部核銷

一吉林各處監犯及起解人犯等口米供應之數每年

於二三月內

題銷外仍造冊咨送戶刑二部

一吉林官莊壯丁每年應交糧一萬五千石寧古塔官

莊壯丁應交糧三千九百石伯都訥官莊壯丁應交

糧一千八百石三姓官莊壯丁應交糧四千五百石
阿勒楚喀拉林官莊壯丁應交糧一千八百石共徵
收糧二萬七千石貯倉每年於四月內具
題
一各處應行
旌表守節孀婦每年於七月內具
題外仍將守節孀婦年歲造冊咨送禮部
一各處雨雪調勻二麥滋長大田播種之處每年於四
月內恭摺具
奏

一各處二麥收成分數大田秀穗之處於七月內恭摺

具

奏奉到

硃批行文知會戶部

盛京黑龍江

一各處大田收成分數每年於十月內恭摺具

奏奉到

硃批行文知會戶部

盛京黑龍江

一各處公倉陳穀照例出糶應先期查明市價咨報戶

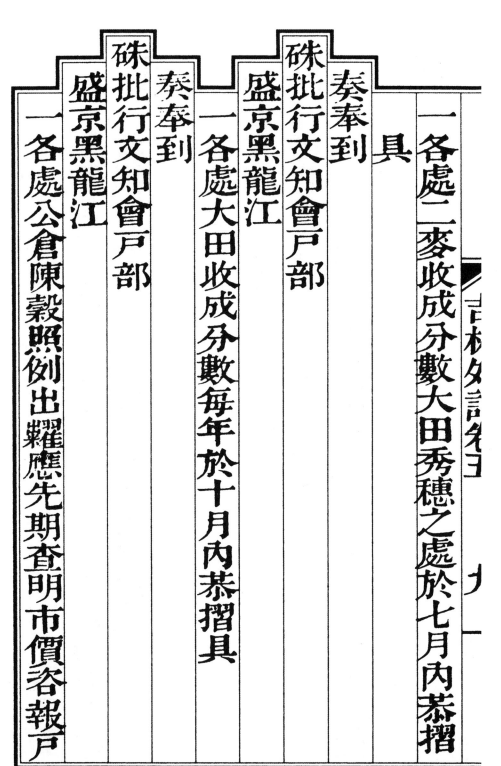

部後將每石比時價減銀一錢糶賣取結咨送戶部
一各處管倉監督二年更換二年任滿揀放新監督年
終具
題
一各處新舊任管倉監督交代接收糧石數目據實具
題外仍造冊咨送戶部
一各處三年比丁一次所造細冊咨送戶部並各該旗
籍
一准承祭衙門奏准咨覆
長白山之神每月朔望

將軍副都統輪替拈香一次每年春秋二季致祭
一吉林八旗修建兵丁官房空閒餘地應得菜園租銀
每年於秋季徵收貯庫支給收補八旗官房之用用
剩銀數每年二月内造冊咨送戶部
一各處大小官員應領時憲書數目每年於五月内將
各官職名造冊咨送
欽天監
一吉林各處旗民襍處屯堡民人有無私墾地畝專派
官十員分界稽查並派總理協領一員年終取結咨
報戶部協領等官二年更換

一吉林每月市值糧價查明三月一次咨報戸部

一吉林各處有無由京買來奴僕販賣之處每年年終
咨報戸部

一庫貯備用官差牛具紅白事　賞銀額徵稅銀動存
用項

題咨核銷已詳庫貯類

兵司

一新將軍到任照例具
奏並咨報兵部外查驗官員兵丁軍裝器械於三月限內
結報具

奏
一新將軍接任將舊存
勅書恭送該科衙門改換領取
一吉林所屬歷年額設領催前鋒甲兵匠役分別造具
漢冊每年按兩季咨送兵部
一三月九月將吉林所屬各處大小官員履歷造冊二
本咨送兵部
一
題過本章數目每年按四季造冊咨送通政司
一六月內將各站一年應付過公費銀兩並買補倒斃

牛馬銀兩數目

題銷外仍造冊咨送兵科

一年終將官員兵丁軍裝器械查驗結保具

題仍將軍器數目彙總造冊咨送兵部

一年終將吉林所屬各處官員兵丁額數咨報兵部

一年終將吉林所屬庫貯炮位鳥鎗數目咨報兵部

一年終將吉林所屬各處發到安插人犯數目彙總咨

報軍機處刑部

一十月内應恭

進風乾鹿肉貢單

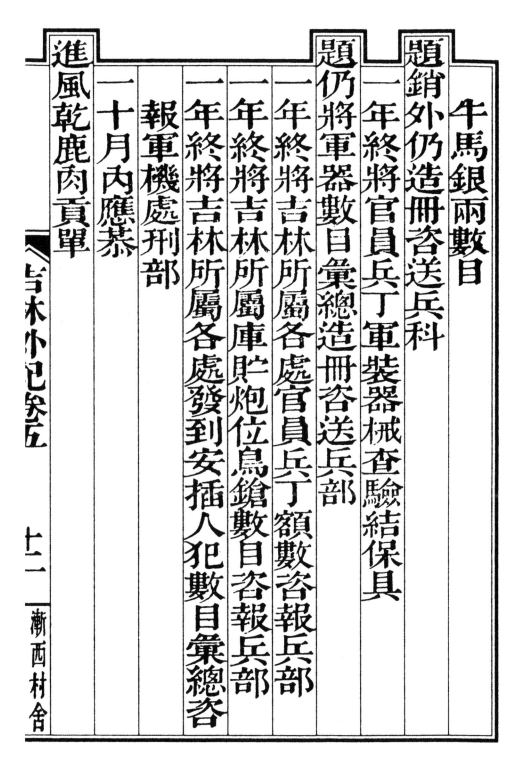

一十一月內應恭
進鹿尾各色土物貢單
一遵照勘合火牌應付過各項差使站馬廩給數目每
年按四季造册咨送兵部
一勘合火牌視動用將完即往兵部領取以足二十張
之數
一蒙古道路票視動用將完即往理藩院領取以足五
張之數
一吉林所屬各處出差等項官員之缺揀派兼管之員
月日每年按四季造册咨送兵部

一秋季出派員烙補各站牛馬印記並查驗草豆年終
咨報兵部
一文職堂主事管站監督助教官倉官等缺如有陞故
所遺之缺隨時行文查取應揀人員擬定正陪咨送
吏部帶領引
見候
旨補放
一衙門無品級繙譯等項筆帖式及各站筆帖式缺出
將應揀人員選放咨報吏部註册
一武職官員如有陞故所遺之缺隨時行文查取應揀

人員挑選咨送兵部該旗帶領引
見候
旨補放
刑司
一監禁斬絞重犯歷年於四月內秋審具
題
一免死發遣爲奴盜犯脫逃彼時
奏報並於各處咨緝拏獲時審明一面正法一面
奏
聞

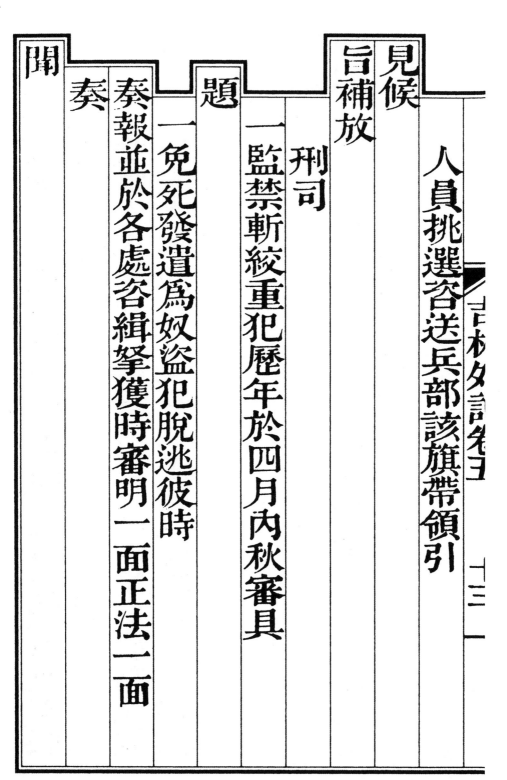

一吉林所屬歷年發到太監內已死若干脱逃若干現
有若干數目查明歷年二月內咨報內務府
一年內軍流徒等犯咨報刑部於年終彙
題
一年內正法人犯數目正法月日於年終彙
題
一僱人偷刨人葠財主不分旗民俱發雲南等省充軍
並無財主隻身潛往偷刨得葠一兩以下杖六十徒
一年至五十兩杖一百流三千里爲從及未得蔘各
減一等購買販賣飛蔘等犯照偷刨已得葠人犯減

一等治罪一年內所辦總數於年終彙
題
一吉林所屬發遣爲奴及當差人犯脫逃者每月造冊
報部拏獲自行投首者若干未獲者若干數目年終
分別咨報軍機處刑部應行查議爲奴之家長旗分
佐領該管各官職名送部查議
一一年內拏獲私參數目於年終彙
題參劾解送內務府
一一年內入官贓罰銀兩數目於年終彙
題將銀抵充本處官兵俸餉

一年內發遣安插人犯內因不守分有無改發者年
終咨報軍機處刑部
一各副都統衙門審送徒罪以上賊盜等案以及人命
事件俱照例咨報刑部
一吉林地方旗民交涉賊盜案件及旗人鬬毆人命事
件俱係刑司辦理徒罪以上者俱咨報刑部旗民交
涉鬬毆人命及單民案件理事同知衙門辦理
一一年內吉林所屬命案事件限內審辦已結未結之
處年終咨報軍機處刑部
一吉林所屬各處節年發遣爲奴及當差人犯內病故

脫逃數目現在實有數目年終咨報軍機處刑部外
未獲者咨行各
省嚴緝
一私入圍場偷打牲畜十隻以上者杖一百流三千里二十隻以上者發烏魯木齊等處種地三十隻以上者發烏魯木齊等處給兵丁爲奴其零星偷打隨時破案者一隻至五隻杖一百徒三年至五隻以上者再枷號一箇月其偷砍樹木五百斤以上者杖一百流三千里八百斤以上者發烏魯木齊等處種地一千斤以上者發烏魯木齊等處給兵丁爲奴其零星

偷砍隨時破案數十斤至一百斤者杖一百徒三年
一百斤以上者再枷號一箇月爲從各減一等均無
論初犯再犯面刺盜圍場字樣
工司

一
長白山殿宇五間原係由
盛京工部派員修理工竣時由
盛京工部
題銷如有滲漏損壞由吉林粘補修理入於歲修核銷道
光五年五月二十八日將軍富俊

奏准就近由吉林派員動用正項修理工竣後
題銷並咨工部
一松花江神廟貯龍船房以及公署倉庫監獄城牆等項並各處工程如在二百五十兩以下先行料估報部俟部覆到日動用糶谷銀修理工竣時造具細冊並取查驗官等結報部核銷二百五十兩以上先行料估具
題五百兩以上先行料估恭摺
奏
聞均俟部文到日動項修理工竣後造具細冊並取查驗官

員甘結
題銷
一吉林各處渡船並運糧捕珠等項船隻如屆應修年
分分別小修粘補拆造限期應需油蔴釘鐵等物恭
摺
奏
聞派員赴部請領所用木植係水手丁等砍運以備興修
一碾造火藥動用銀兩數目年終彙總
題銷
一碾造火藥應用硫磺派員赴

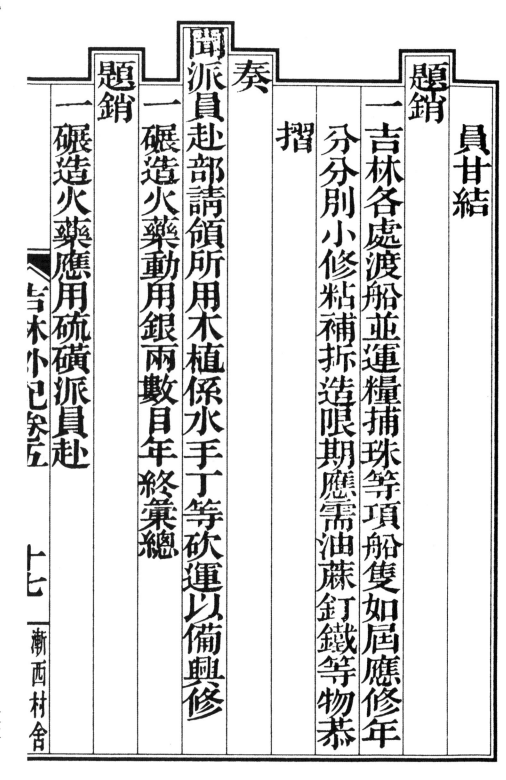

盛京工部交送價銀將礦領來鉛塊亦由

盛京購買備用

官蔘局

一吉林寧古塔散放參票數目每年於五月內

奏

聞

一十一月內具

題參務公費銀兩數目

一吉林寧古塔二處應散放參票每年於十一月內

奏

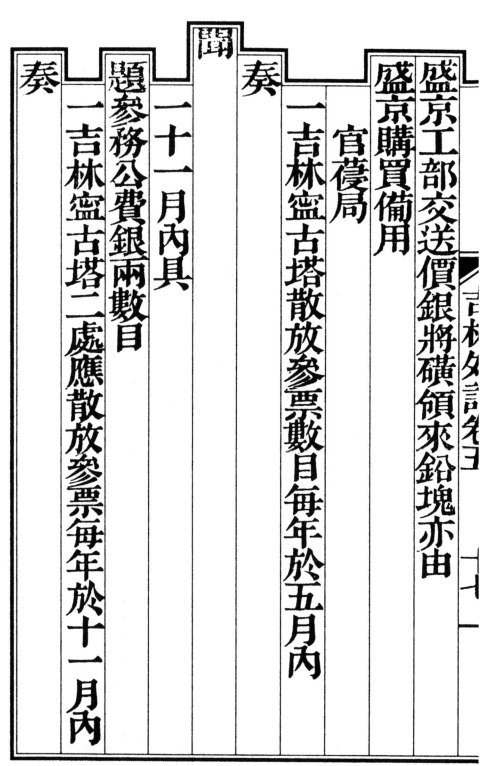

聞後派員赴戸部請領
一吉林寧古塔二處散放餘賸參票並接濟刨夫銀兩
奏
聞後餘剩參票派員繳回戸部
一每年所收官蔘派員解送於十二月內恭摺
奏
聞
理事廳
一徵收地丁錢糧數目每年於正月內先行
奏

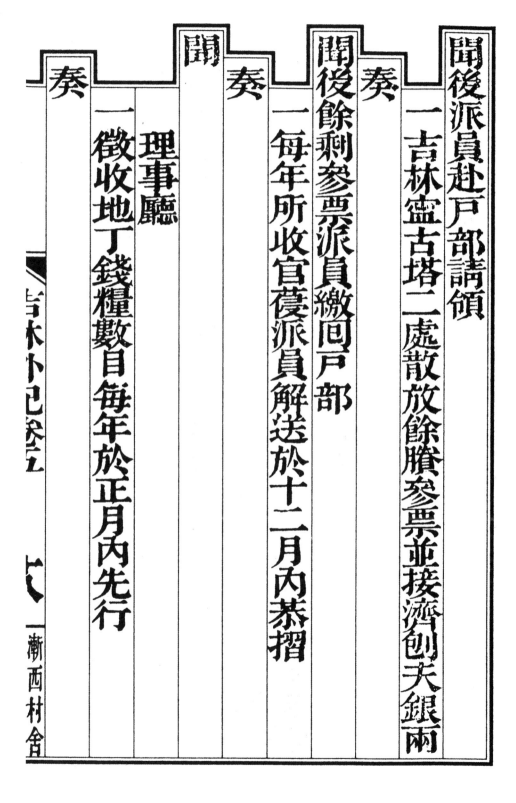

聞
一徵收木税銀兩數目每年於四月内具
題
一徵收地丁雜税銀兩數目每年於四月内具
題
一單民及旗民交涉人命盜竊詞訟等案犯該徒罪以
上者俱具稿呈請分别咨部

吉林外記卷五終

吉林外記卷六

學校
學額
儒林文苑
祠祀

學校

吉林儒學在城内東南隅乾隆七年永吉州知州魏士敏建廟宇黌宫諸制畧備三十年同知圖善於廟内東南隅隙地起奎星樓一間上奉　奎宿下祀文昌帝君其前修欞星門三楹五十五年城内火災廟學

俱燬惟奎星樓存將軍林寍　奏請官銀重新修葺殿
廡門堂煥然一新嘉慶十一年齋房又燬十四年奉天
學政茹棻　奏請頒
內板經籍於奉省各學飭建尊經閣同知富元學正孫鉽
白將軍秀林副都統達祿率所屬官員紳士捐資修建
尊經閣於齋房故址此吉林廟學興建之源流也
廟在學之東中爲聖殿三間東西兩廡各三間啟聖祠
三間在殿後大成門三間在廡前又前爲泮水池池北
東西兩角門東曰聖域西曰賢關正殿有
仁宗睿皇帝御書集聖大成扁額池南爲靈星門門牆外左

右下馬坊各一其南照壁一座明倫堂三間在廟之西
堂西廡爲齋房三間東向今改爲尊經閣三間學正廨
宇在明倫堂後繚以牆垣長四十丈寬八丈
聖殿中奉大成至聖先師位兩旁四配位復聖顏子述聖
子思子西向宗聖曾子亞聖孟子東向次十哲位先賢
閔子損冉子雍端木子賜仲子由卜子商有子若西向
先賢冉子耕宰子予冉子求言子偃顓孫子師朱子熹
東向正脊恭懸
聖祖御書萬世師表扁額
東廡祀先賢蘧子瑗澹臺子滅明原子憲南宮子适商子

瞿漆雕子開司馬子耕梁子鱣冉子孺伯子虔冉子季
漆雕子徒父漆雕子哆公西子赤任子不齊公良子孺
肩子定鄡子單罕父子黑國原子亢廉子潔叔仲子會
公西子輿如邽子巽陳子亢琴子張步叔子乘秦子非
顏子噲顏子何縣子亶樂正子克萬子章周子敦頤程
子顥邵子雍先儒公羊子高伏子勝董子仲舒后子蒼
杜子子春諸葛子亮王子通范子仲淹歐陽子修楊子
時羅子從彥李子侗呂子祖謙蔡子沈陳子澔魏子了
翁王子柏趙子復許子謙吳子澄胡子居仁王子守仁
羅子欽順

西廡祀先賢林子放宓子不齊公冶子長公晳子哀高子
柴樊子須商子澤巫馬子施顏子辛曹子䘏公孫子龍
秦子商顏子高壤駟子赤石作子蜀公夏子首后子處
奚容子蒧顏子祖句井子疆秦子祖縣子成公祖子句
茲燕子伋樂子刻狄子黑孔子忠公西子蒧顏子之僕
施子之常申子棖左子邱明秦子冉牧子皮公都子
公孫子丑張子載程子頤先儒穀梁子赤高堂子生孔
子安國毛子萇鄭子康成范子甯韓子愈胡子瑗司馬
子光尹子焞胡子安國張子栻陸子九淵黃子幹眞子
德秀何子基陳子澔金子履祥許子衡薛子瑄陳子獻

章蔡子清陸子隴其

啟聖祠在

聖殿後祀

肇聖王木金父

裕聖王祈父

詒聖王防叔

昌聖王伯夏

啟聖王叔梁紇東配先賢顏氏無繇孔氏鯉西配先賢曾

氏點孟孫氏激東從祀先儒程氏珦周氏輔成蔡氏元

定西從祀先儒張氏迪朱氏松

道光二年二月

諭明臣劉宗周植品莅官致命遂志實爲明季完人其講學論心著書立說粹然一出於正洵能倡明正學扶持名教劉宗周著從祀文廟西廡列於明臣蔡清之次從御史馬步蟾請也公籍隸山陰自壯登仕歷官至左都御史明季時清標介節冠於同朝忠言讜論形諸奏牘以及殉難捐軀致命遂志載在史傳我朝乾隆四十一年賜謚忠介著有劉子全書百餘卷其學專以誠意爲主而歸

於慎獨發明聖賢宗旨

道光三年二月

諭原任尚書湯斌學術精醕順治年閒有

旨褒其品行清端康熙年閒有

旨稱其老成端謹至其政績卓著則禁侈靡興教化舉善懲貪興利除弊官嶺北時擒獲巨寇以靖地方巡撫江蘇時燬不經之祀化鬬很之風奏豁民欠議減賦額還京之日部民送者十餘萬人其他奏議忠言讜論剴切詳明正色立朝始終一節所學主於堅苦自持事事講求實用著書立說深醕篤實中正和平洵能倡明正學遠

契心傳湯斌著從祀
文廟東廡列於明臣羅欽順之次從通政司參議盧浙請
也乾隆元年
賜謚文正公籍隸河南授職詞垣歷官至尚書學術深醇事
業昭著不減前賢四庫全書公遺書十卷謂其堅苦自
持事事講求實用
奏議規畫周密條析詳明不同迂論
道光五年二月
諭明臣黃道周著從祀
文廟東廡明臣之次從浙閩總督趙慎畛請也公籍隸漳

浦歷官少詹忠言讜論守正不阿中遭貶黜矢志不移卒能致命成仁完名全節明史傳贊乾隆四十一年

賜謚忠端錄其生平著述尤富四庫採錄其書多至十種皆闡明經旨推治道而最深於易經孝經雖在獄中猶草易圖六十四象寫孝經一百二十本可謂信道成仁以誠意爲主而歸於慎獨以致知爲宗而止於至善守朱子之道脈而獨遡宗傳

尊經閣存貯書籍目錄

聖諭廣訓一部一套

御製周易折中一部一套

欽定書經傳說彙纂一部四套
欽定詩經傳說彙纂一部四套
欽定春秋傳說彙纂一部四套
欽定周官義疏一部七套
欽定儀禮義疏一部八套
欽定禮記義疏一部十套
御註孝經一部一套
御定孝經集註一部一套
御纂周易述義一部一套
御纂詩義折中一部一套

御纂春秋直解一部一套

御纂朱子全書一部四套

御纂性理精義一部一套

御定康熙字典一部六套

御批資治通鑑綱目一部八套

御定子史精華一部四套

御定佩文韻府一部二十套

御選古文淵鑑一部四套

御選唐宋文醇一部二套

御定四書文一部三套

周易註疏一部一套
尙書註疏一部一套
毛詩註疏一部二套
左傳註疏一部二套
公羊註疏一部一套
穀梁註疏一部一套
周禮註疏一部二套
儀禮註疏一部二套
禮記註疏一部二套
論語註疏一部一套

孟子註疏一部一套
孝經註疏一部一套
爾雅註疏一部一套
共三十六部計一百一十六套
御論一本（道光三年頒發）
欽定學政全書一部十六本
道光五年將軍富俊以八旗世僕於
國語騎射而外當教以清漢文義
奏請頒發書籍
存貯印庫目錄

開國方略一部四套十六本
八旗世族通譜一部六套二十六本
盛京通志一部八套六十四本
清文戶部則例一部本殿無存
清文大清律例一部六套四十八本
清文工部則例一部本殿無存
清文禮部則例一部本殿無存
康濟錄一部一套六本
耕織圖一部四套二十四本即授時通考
淵鑑類涵一部二十套一百四十本

清字四書一部一套六本

清字五經一部十一套五十二本

蒙古

聖諭廣訓一部一套二本

學額歲試入文童四名武童四名科試入文童四名廩額二增額二五年一貢吉林民籍由寗古塔移駐立學之始年遠無考學政官由雍正十二年添設嘉慶五年奉

旨添滿合二號文童每五六名取入一名十三年學政茹棻

奏定滿字號廩額一增額一合字號廩額一增額一十年

一貢道光六年將軍富俊會同學政陳　奏添長春廳學額三名伯都訥一名初定未設廪增仍隸吉林儒學

儒林文苑

進士民籍

田　麟順治壬辰科歷官內宏文院編修

馬維駇乾隆庚子科歷官湖北施南府知府

舉人民籍

吳三元順治乙酉科歷官貴州遵義府知府

李　錦乾隆甲子科知縣銜未仕

劉　銓乾隆戊申科知縣銜未仕

馬維騏　乾隆乙卯科

恩貢生　民籍

甯廷璧　乾隆三十九年

王光裕　乾隆四十九年

宋桂芳　乾隆五十四年

武青選　乾隆五十九年

宜　麟　嘉慶四年現任臨汾縣知縣

劉福生　嘉慶九年

趙經元　嘉慶十四年

吳黃金　嘉慶二十四年

武全義道光四年

拔貢生民籍

李　麟乾隆三十年

王　傑乾隆四十一年

甯天祿乾隆五十三年

馬維緦嘉慶五年河南試用知府

陳志英嘉慶十七年

王　錫道光四年

歲貢生民籍

楊清久乾隆三十四年

劉　偉　乾隆三十九年

王懷温　乾隆四十四年

陳志星　乾隆四十九年

張　菾　乾隆五十四年

齊尚懿　乾隆五十九年雲南大姚縣知縣

楊　賓　嘉慶四年

顧懷艮　嘉慶九年

韓　謙　嘉慶十四年

張文蔚　嘉慶十九年

勾　功　嘉慶二十四年

馬光第道光四年

優貢生合字號漢軍

沈承瑞嘉慶十五年

沈志樸嘉慶十八年

歲貢生滿字號

七車布嘉慶二十三年

歲貢生合字號漢軍

田烈功道光三年

白山書院在蓡局街嘉慶十九年將軍富俊買民居爲學舍有房五間十九年原任吏部尙書鐵保謫戍吉林

榜以今名將軍富俊以其地近市華囂改修賓館卽舍後修學舍五閒榜以故額其跋曰

此邦人士重武備而略文事將軍富俊副都統松箖首創書院延前歸德守熊西山之書前經歷朱愼崖宇泰前福建令朱玉堂履中主講席彬彬絃誦文教日興余喜其創始之難而樂觀其成也於是乎書

滿學十三

吉林二在

聖廟西南半里許學舍十四閒康熙三十二年公捐營建

乾隆七年

奏請官銀修葺八旗每佐領每歲額送學生四名
寧古塔二在城內東南隅學舍六間雍正六年公捐營
建乾隆五十七年
奏請官銀修葺八旗每佐領每歲額送學生六名伯都訥
二在城內正南學舍六間雍正六年公捐營建乾隆四
十八年
奏請官銀修葺八旗每佐領每歲額送學生四名
三姓二在城內東南隅學舍六間雍正十二年公捐營
建乾隆十七年
奏請官銀修葺八旗每佐領每歲額送學生四名以上八

學俱分左右翼

阿勒楚喀一在城内東南隅學舍三間雍正五年公捐

營建乾隆三十三年

奏請官銀修葺八旗每佐領每歲額送學生三名

拉林一在堡内東北隅學舍三間乾隆二十一年公捐

營建三十五年

奏請官銀修葺八旗每佐領每歲額送學生三名烏拉二

學舍六間公捐營建嘉慶二年

奏請官銀修葺每歲額送學生四名乾隆三十年總管索

柱捐建漢義學於城内

額穆赫索囉一學舍三閒公捐生徒無額
以上十三學生徒俱於二月上學習清文騎射將軍
富俊四任吉林左右翼二學添習清漢繙譯每月朔
望呈遞課本將軍富俊親筆改正並時常赴學考驗
功課優者獎勵給以筆墨劣者交助教開導指引文
教日興
蒙古學一在 聖廟西南半里許學舍三閒乾隆六年
蒙古八旗兵力營建五十八年
奏請官銀修葺生徒無額習蒙古文騎射餘與滿學同
吉林左右翼二學助教官二員每翼教習四名由領催

披甲內挑選蒙古學係蒙古繙譯筆帖式兼充教習其寧古塔伯都訥三姓阿勒楚喀烏拉拉林每學各設教習筆帖式一名亦各有教習幫教惟琿春額穆赫索囉學舍係兵資營建未設教習筆帖式各由本處領催披甲內挑選通曉清漢文義者充作教習

祠祀

吉林

先農壇在城小東門外一里正殿三楹壇高三尺面闊二丈四尺雍正十年建

社稷壇在先農壇側高闊尺丈與先農壇同同時建

風雲雷雨山川壇在社稷壇側高闊尺丈與先農壇同同時建

城隍廟在城內將軍公署東前殿三楹左右配廡各三楹寢殿三楹鐘鼓樓二大門三楹里民修建

長白山望祭殿在城西門外九里溫得赫恩山正殿五楹祭器樓二楹牌樓二座養祭鹿圈一雍正十一年建

松花江神廟在城小東門外一里江北岸正殿五楹牌樓二座大門三楹東西門各一乾隆四十三年建

至聖先師廟

文昌閣

魁星樓以上三廟已詳學校類

關帝廟二一在城小東門外一里正殿三楹享殿三楹左右配廡各八楹鐘鼓戲樓各一大門三楹東西角門二乾隆九年建一在城北門外二里北山正殿三楹鐘戲樓各一配廡三楹禪房二楹正殿恭懸

乾隆十九年

御書靈著豳岐匾額

觀音堂二一在城東北隅正殿三楹左右配廡各三楹鐘樓一大門一楹乾隆四十八年建一在城東門外十二里龍潭山正殿三楹祭祀房三楹禪堂三楹乾隆十九年建正殿恭懸乾隆十九年

御書福佑大東匾額

崇禮龍王廟三一在城小東門外一里江北岸正殿三楹配房三楹大門一楹乾隆二十五年重修一在江南岸正殿三楹配房三楹門宇四楹乾隆五十七年增建一在城東門十二里龍潭山正殿三楹山坡牌樓一座乾隆十九年建

西方寺在城西門外一里正殿三楹左右配廡各三楹耳房三楹又彌勒殿一楹鐘鼓樓二大門三楹東西角門各一乾隆二十五年里民重修

瘟神廟在城內東南隅正殿三楹配廡大門共六楹康熙三十三年建

八蜡廟在瘟神廟內卽蟲王廟正殿三楹同時建

三義廟在城北隅正殿三楹配廡三楹大門一楹東西角門二乾隆二十年建

祖師廟二一在城大東門內路南正殿六楹配廡六楹禪房三楹大門二楹嘉慶十二年重建一在城外北山藥王廟側殿三楹

財神廟在城西北隅正殿三楹左右配廡各三楹禪房三楹牌樓一座戲樓一座大門三楹東西角門二嘉慶十二年里民重修

藥王廟在城北山關帝廟後正殿三楹左右配廡各三楹大門二楹乾隆三年建

三官廟在城隍廟東北隅正殿三楹左右配廡各三楹大門三楹乾隆四十四年建

東嶽廟在城大東門外卽天齊廟正殿三楹左右配廡各六楹禪房三楹鐘鼓樓二大門三康熙二十

五年建

火神廟在城西門外正殿三楹左右配廡各三楹大門三楹嘉慶十三年里民修建

馬神廟在城西門外正殿三楹左右配廡各五楹大門三楹康熙三十四年建

山神廟二一在城西門外正殿三楹左右配廡各三楹大門三楹戲樓一座雍正元年建一在城東地藏庵側正殿三楹

喜慶寺在城西門外九里歡喜嶺正殿三楹配廡三楹耳房大門共四楹

北極廟在城巴爾虎門外二里元天嶺正殿三楹配廡三楹耳房三楹大門二楹乾隆三十年建

大雄閣即玉皇閣在城外北山藥王廟後山高閣三楹乾隆四十一年建

地藏庵在城大東門外一里正殿三楹配廡五楹禪房二楹耳房二楹鐘樓一座大門一間東西角門二乾隆五十二年建

鬼王廟在城西門外一里正殿三楹大門一楹

毓麟堂在城西北隅正殿三楹禪房一楹大門一楹乾隆十一年建

圓通寺在城西隅正殿三楹耳房二楹大門二楹

娘娘廟在城東關帝廟後正殿三楹大雄閣一座

酒仙祠在娘娘廟側正殿三楹

土地祠在城內城隍廟側正殿一楹

功德院在城北隅正殿三楹後殿五楹左右配廡各三楹大門三楹

賢良祠在城內功德院側正殿一楹

昭忠祠在城內城隍廟側正殿三楹嘉慶八年建

窰古塔

至聖先師廟在城東南隅康熙三十二年建

文昌廟二一在城東南隅一在城外關帝廟側正殿三楹嘉慶二十三年建

魁星樓同時建

城隍廟在城外東南一里正殿三楹東西配廡各三楹大門一楹

關帝廟三一在城外正西里許正殿三楹配廡各五楹鐘鼓樓各一大門三楹一在城外東南三里正殿三楹亭殿三楹大門三楹一在城西南十里正殿三楹配廡各五楹大門三楹

山神廟二一在城西門外里許正殿三楹東西配廡各五楹大門一楹一在城外東南一里正殿三楹東西配廡各五楹大門三楹

地藏寺二一在城西門外三里正殿三楹一在城外東北隅二里殿宇三楹

觀音閣在城西門外三里正殿三楹大門三楹

茶棚菴城南門外殿宇四楹

古佛寺在城外東南里許

土地祠在城外東南里許正殿一楹

七聖祠在城東南一里正殿三楹左右配廡各三楹大門三楹

藥王廟在城外東南一里正殿三楹左右配廡各三楹大門三楹

三官廟在城外東北里許正殿三楹左右配廡各五楹大門三楹

娘娘廟在城外東北里許正殿三楹左右配廡各五楹大門三楹

天齊廟在城外東北一里正殿三楹左右配廡各五楹大門三楹

財神廟在城外東北一里正殿三楹左右配廡各五楹大門三楹

祖師廟在城外東北一里正殿三楹大門三楹

龍王火神廟在城外東北一里正殿三楹左右廊房各五楹山門三楹

馬神廟在城外東南隅正殿三楹

伯都訥

至聖先師廟在城東南隅道光二年建

先農壇在城南門外雍正五年建

社稷壇在城南門外雍正十年建

風雲雷雨山川壇在城南門外雍正十年建

城隍廟在城西南隅正殿三楹旁廡三楹大門三楹雍正六年建

江神廟在城南門外嘉慶五年建

藥王廟在城東南隅正殿三楹左右配廡各三楹大門六楹乾隆十六年建

真武廟在城西北隅正殿三楹左右配廡各三楹大門一楹乾隆二十九年建

娘娘廟在城南門外一里正殿三楹西廡三楹山門一楹乾隆十六年建

關帝廟在城外一里東南河口正殿三楹左右配廡各三楹鐘鼓樓各一山門三楹康熙四年建

祖師廟在城外東南一里正殿三楹大門一楹乾隆十六年建

龍王廟在城外東南一里正殿三楹大門一楹乾隆四十九年建

山神廟在城西北隅正殿三楹乾隆二十九年建

財神廟在城西街乾隆二十九年建

瘟神廟在城南乾隆五十九年建

魯班神在城南道光三年建

鬼王廟在城南乾隆五十七年建

昭忠祠在城南嘉慶九年建

石佛寺在城外舊東京城東南隅相傳金時慈聖太后所建石佛高二丈餘後石首墜有石工人欲鑿爲碾甫舉鍾頭涔涔痛罷之是夕里人同感異夢於是舉石首湊諸像冶鐵固之卽古址建剎至今香煙尤盛

觀音寺在吉林峯下

三姓

至聖先師廟在城內

文昌閣在城內

魁星樓在城內

關帝廟二一在西北隅正殿三楹左右配廡各五楹鐘鼓樓各一大門三楹一在南門外正殿三楹左

右配廡各五楹鐘鼓
樓各一大門二楹

馬神廟在城西北隅正殿
三楹山門三楹

城隍廟在城西北隅正殿三
楹左右配廡各三楹

龍王廟在城北四里正殿三楹左右配
廡各三楹鐘樓一大門三楹

三皇廟在城外西南三里正殿三楹左右配
廡各三楹鐘鼓樓各一大門三楹

娘娘廟在城外東北隅五里正殿
三楹西廡三楹大門一楹

財神廟近城西北隅正殿三楹東西配廡
各五楹鐘鼓樓各一大門三楹

火神廟在城外西北隅正殿三楹東
西配廡各三楹大門三楹

昭忠祠在城
外

阿勒楚喀

至聖先師廟在城內

文昌廟在城內

關帝廟二一在城南門外正殿三楹東廡五楹大門三楹鐘鼓樓各一大門三楹一在城外西南隅正殿三楹東西配廡各五

城隍廟在城西北隅正殿三楹東西配廡各三楹大門三楹

龍王廟在城東北隅正殿三楹東西配廡各三楹大門三楹

三皇廟在城內

娘娘廟在城外東南隅正殿三楹大門三楹

虫王廟在城外東南隅正殿三楹大門一楹

財神廟在城外西南隅正殿三楹

昭忠祠在城内

山神廟在城外西南隅正殿三楹東西配廡各三楹大門一楹

烏拉

關帝廟二一在城內東北隅正殿三楹一在城北四里正殿三楹後廡二楹

藥王廟在城外西南隅正殿三楹後殿三楹

財神廟在城外西北半里正殿三楹

娘娘廟在城外西北隅二里正殿三楹後殿三楹

山神廟在城外西北四里正殿三楹

拉林

關帝廟在街內東北隅正殿三楹東西配廡各五楹大門二楹

娘娘廟正殿三楹

藥王廟正殿三楹

山神廟正殿一楹

以上三廟俱在

關帝廟內

雙城堡

關帝廟中左右屯各一右屯未建廟之先佐領武倫保忽感異夢晨起出門遙望正東里許有大廟宇一座策馬追尋愈遠無蹟回至初見之所焚香許願建廟破土興工時得古磬焉

吉林外記卷六終

吉林外記卷七

田賦

吉林陳民地七十一萬零二百四十一畝分別三則銀米各半徵收應徵銀米地各三十五萬五千一百二十畝零五分內上則地各十六萬九千六百二十四畝五分每畝徵銀三分米六升六合則地各九萬三千三百

六十三畝每畝徵銀二分米四升四合下中則地各九萬三千三百六十三畝每畝徵銀二分米四升四合下則地各九萬二千一百三十三畝每畝徵銀一分米二升二合乾隆四十二年以後續增陳民墾地三十二萬五千八百九十八畝不分等則每畝徵銀八分米四合四勺二抄五撮米一石折徵銀一兩行差八丁二萬五千一百七十丁每丁徵銀一錢五分以上其徵地畝丁銀五萬六千四百九十六兩八錢七分九釐

寍古塔陳民地五萬三千七百三十八畝分別三則銀米各半徵收應徵銀米地各二萬六千八百六十九畝

內上則地各九千五百十九畝五分每畝徵銀三分米六升六合中則地各八千六百八十二畝五分每畝徵銀二分米四升四合下則地各八千六百六十七畝每畝徵銀一分米二升二合乾隆四十六七年續增流民墾地一千三百二十一畝不分等則每畝徵銀八分米四合四勺二抄五撮行差八丁一千三百五十丁每丁徵銀一錢五分以上共徵地畝丁銀二千零六十兩零九錢二分二釐

伯都訥陳民地十萬零四十九畝八分五釐分別三則銀米各半徵收應徵銀米地各五萬零二十四畝九分

二釐五毫内上則地各二萬零二百九十六畝九分二
釐五毫每畝徵銀三分米六升六合中則地各一萬五
千零四十畝每畝徵銀二分米四升四合下則地各一
萬四千六百八十八畝每畝徵銀一分米二升二合乾
隆四十二年以後續增陳民流民及妻王氏孫悦明各
控地案内並查出黑林子拉林河西岸等處民人各墾
地畝二十四萬五千六百八十三畝不分等則每畝徵
銀八分米四合四勺二抄五撮行差人丁一萬四千三
百七十五丁每丁徵銀一錢五分以上共徵地畝丁銀
二萬六千二百七十九兩一錢一分九釐

三姓陳民地一百二十畝分別三則銀米各半徵收應徵銀米地各六十畝內上則地各二十畝每畝徵銀三分米六升六合中則地二十畝每畝徵銀二分米四升四合下則地二十畝每畝徵銀一分米二升二合乾隆四十六七年續增流民墾地六十六畝不分等則每畝徵銀八分米四合四勺二抄五撮行差人丁四百十一丁每丁徵銀一錢五分以上共徵地畝丁銀七十一兩零六分二釐

阿勒楚喀行差人丁三千零七十四丁每丁徵銀一錢五分共徵丁銀四百六十一兩一錢無地畝糧

以上通省共徵地丁銀八萬五千三百六十九兩零八分二釐

稅課

吉林額徵牲畜菸麻牙當燒酒木稅銀共二千九百八十兩

寧古塔額徵牲畜菸麻牙當燒酒木稅銀共二千一百五十六兩九錢

伯都訥額徵牲畜菸麻牙當燒酒魚網稅銀共一千零四十九兩三錢

三姓額徵牲畜菸麻牙當燒酒貂皮稅銀共四百四十

三兩二錢五分二釐
阿勒楚喀拉林額徵牲畜菸麻牙當燒酒稅銀共四百九十九兩
長春廳額徵牲畜牙當燒酒稅銀共四百三十三兩九錢六分

官莊

吉林官莊五十處壯丁五百名每壯丁地十二晌共地六千晌每壯丁交倉石糧三十石共交糧一萬五千石
官牛三百條內歲應倒斃牛六十條買補倒斃每牛價銀各六兩七錢共應領銀四百零二兩嗣因連年被災

收成歉薄每年應交糧石不足額嘉慶十七年將軍賽
沖阿
奏准將應徵丁糧以一萬六百八十石作為正額交納嘉
慶二十一年將軍富俊覆
奏准官莊五十處壯丁五百名內除逃故丁一百五十四
名現有丁三百四十六名實缺丁一百五十四名共計
官地及旗民私開毗連之地一萬五千二百四十八晌
三畝按地之肥瘠統令各按上中下等則徵收共計得
糧一萬一千一百九十七石四斗五升令各丁赴倉交
納較前定額一萬六百八十石之數多增糧五百一十

七石四斗五升現定租糧較前甚輕以後每年只領一半倒斃牛價銀已足敷用每年可節省銀二百零一兩查出法特哈邊門外三道卡薩哩閑荒招佃開墾取租以補缺額俟有認領之人即行陞科起租俟能赴原額一萬五千石之時再行具

奏

甯古塔官莊十三處壯丁一百三十名每壯丁地十二晌共地一千五百六十晌每壯丁交倉石糧三十石其交糧三千九百石官牛七十八條內歲應倒斃牛十六條買補倒斃每牛價銀各六兩七錢其應領銀一百零

七兩二錢
伯都訥官莊六處壯丁六十名每壯丁地十二晌共地七百二十晌每壯丁交倉石糧三十石共交糧一千八百石官牛三十六條內歲應倒斃牛七條買補倒斃每牛價銀各六兩七錢共應領銀四十六兩九錢
三姓官莊十五處壯丁一百五十名每壯丁地十二晌共地一千八百晌每壯丁交倉石糧三十石共交糧四千五百石官牛九十條內歲應倒斃牛十八條買補倒斃每牛價銀各六兩七錢共應領銀一百二十兩六錢
阿勒楚喀拉林官莊六處壯丁六十名每壯丁地十二

晌共地七百二十晌每壯丁交倉石糧三十石共交糧一千八百石官牛三十六條內歲應倒斃牛七條買補倒斃每牛價銀各六兩七錢共應領銀四十六兩九錢以上共原額地一萬零二百晌共徵倉谷二萬五千五百石

旗田

吉林八旗及蒙古烏鎗營旗地共九萬五千一百三十四晌

水手營地共二千二百二十六晌

各驛站地共四萬九千九百九十七晌

四邊門地共二萬六千六百五十二晌

甯古塔旗地共六萬五千二百九十晌

伯都訥旗地共六萬九千零十一晌

三姓旗地共八千一百十六晌

阿勒楚喀拉林旗地共三萬六千二百七十八晌

琿春旗地共一萬二千零五十晌

烏拉旗地共四萬零三百三十八晌

以上旗地共三十六萬五千零九十二晌無賦額

公署

吉林

將軍公署正面大堂七間穿堂五間儀門三間大門三間乾隆十九年

高宗純皇帝巡幸吉林

御書天池鎮鑰匾額恭懸穿堂內大堂後印房辦本摺滿檔房五間漢檔房二間偏東督催所辦事房三間堂前西廂工司辦事房三間檔房三間戶司辦事房五間檔房三間同知辦事房二間東廂兵司辦事房五間檔房三間刑司辦事房五間檔房三間儀門外東前鋒營房三間前鋒該班房二間鳥鎗營辦事房三間土地祠一間西水手營辦事房三間虎鎗營房二間管關場辦事房二間番役聽差房一間署外左右八旗聽差房十六間鹿角木全照壁一牌樓二

倉在城內東北隅康熙二十八年建太平倉六十間永盈倉房六十四間嘉慶二十三年均改修厫倉看倉巡更堆房共六間倉上辦事房三間乾隆八年增修八旗義倉房九十六間又在西門外西南隅建水手營義倉房七間

庫在公署內印庫樓二間銀庫樓二間康熙十五年建棉甲庫樓三間鎗庫樓二間雍正十年修看庫巡更

堆房共四間

監獄在公署内大獄房十五間神廟一間看獄巡更堆房四間獄官住房三間行獄房五間看獄巡更堆房三間

演武廳在北門外正廳五間捲棚三間操演鎗亭三間堆房二間十旂聽差房十間嘉慶三年重修

街道廳兩翼激桶房八間查街辦事房四間

果樓存貯樓三間曬晾樓三間看守堆房五間

鷹房六間在巴爾虎門内東南隅

黑牛房六間牛圈五間羊圈二間看守堆房三間在北門外

官參局大堂五間東庫三間西庫三間穿堂五間大門五間照壁一座在糧米行街北

火藥局庫三間看庫巡更堆房二間造火藥房六間在北門外

八旗弓匠房十六間在河南街路南

八旗鐵匠房十七間在西門內路北

船營庫在西門外西南隅火藥庫三間顏料庫三十間看巡更堆房三間

龍船房十二間造船房三間看船巡更堆房二間在西門外

公館在官參局東隔壁嘉慶二十二年捐建正房五間東西廂房各三間二門一間東西廂房各五間大門五間

將軍署共住房六十四間東西轅門二間柵欄改豎板牆照壁一座旗桿二根在尚義街南臨江岸

副都統署共住房四十二間轅門二間照壁一座在糧米行街路南

理事同知公署共房三十間在城內西北隅

巡檢公署共房八間在同知公署東隔壁

學正公署在聖廟西院共住房八間明倫堂三間尊經閣三間

民倉永豐倉房三十六間看倉巡更堆房三間嘉慶十九年修在同知公署西南隅

獄房六間看獄巡更堆房三間在同知公署西隅

稅房三間在牛馬行街西

十旗官房共二百零八間

八旗堆房共二十三間按五街五門分設西門外江岸擺渡房二間

烏拉

協領公署正房五間東西廂房各三間　一門一間大門一間左右聽差房　間

八旗義倉十三間乾隆二十一年修在東門外看倉堆房三間

八旗堆房共二十四間在城內

演武廳三間堆房二間在東門外

總管公署大堂五間二堂五間檔房三間八旂辦事房十間

倉在城內東北隅共八十三間康熙四十六年建現實存五十間看倉堆房三間

銀庫一間

貯魚房三間

貯蜜房三間

伊通

佐領公署正房三間東西廂房各三間大門一間

演武廳三間

義倉鑲黃旗正黃旗各三間

巡檢公署 大堂三間住房三間書吏房一間二門一間大門一間照壁一座

額穆和索囉

佐領公署 正房三間聽差房三間大門一間

演武廳 三間

邊門各台站

義倉 巴彥鄂佛囉邊七台每台倉房三間共二十一間伊通邊七台每台倉房三間共二十一間黑爾蘇邊八台每台倉房三間共二十四間佈爾圖庫邊七台每台倉房三間共二十一間烏拉額赫穆等十八站每站倉房三間烏拉站水手倉房三間共五十七間金珠鄂佛囉等十站每站倉房三間共三十間統計一百七十四間

長春廳

通判公署大堂三間二堂三間穿堂三間書吏房六間檔房三間住房三間二門三間大門一間左右聽差房二間照壁一座

巡檢公署大堂三間書吏房一間住房三間二門一間大門一間照壁一座

監獄房六間禁卒房二間獄神廟一間看獄巡更堆房一間

寧古塔

副都統公署大堂五間穿堂五間左右司辦事房各三間檔房各三間印房三間前鋒營虎鎗房共六間儀門三間大門三間柵欄全照壁一座

倉公倉四十間倉檔房二間看倉巡更堆房二間康熙三十五年建又雍正五年增建義倉三十二間

庫在公署內印庫一間銀庫三間看庫巡更堆房二間雍正四年建

演武廳三間看守堆房三間

監獄在公署內五間看獄巡更堆房三間

官參局共二十九間乾隆二十八年建

八旗弓鐵匠房六間

火藥庫一間看庫巡更堆房二間

果樓三間

稅房三間

激桶房八間

鷹房三間

副都統署住房三十七間照壁一座

琿春

協領公署大堂五間辦事房三間檔房三間儀門一間大門三間

義倉十五間看倉巡更堆房三間雍正五年建

庫在公署內銀庫二間

演武廳三間

三旗堆房三間

伯都訥

副都統公署大堂五間穿堂三間印房二間左右司辦事房各三間前鋒營房三間荒營虎鎗營房三間土地祠一間儀門一間大門三間八旗辦事房四間柵欄全照壁一座

倉中倉十間康熙三十二年建後倉十間雍正六年建前倉十間乾隆十年建看倉巡堆房二間又雍正五年建義倉二十六間看倉巡更堆房二間

庫在公署內印庫二間銀庫二間看庫巡更堆房各二間康熙三十二年建

監獄三間看獄巡更堆房三間

演武廳三間看守堆房二間

果樓二間看守堆房二間

激桶房二間

八旗弓鐵匠房共六間

火藥庫一間看庫巡更堆房二間

副都統署共住房二十五間照壁一座

同知公署共房二十二間照壁一座

巡檢公署共房七間照壁一座

獄房六間獄神廟一間看獄巡更堆房三間

民倉二十四間看倉巡更堆房二間嘉慶二十一年建

稅房二間

孤榆樹屯

巡檢公署大堂三間住房三間書吏房一間二門一間大門一間照壁一座

三姓

副都統公署大堂五間穿堂五間大門三間儀門三間印房三間左右司辦事房各三間檔房六間前鋒營荒營房共六間八旗聽差房八間鹿角木全照壁一座

倉永豐倉五十間康熙三十二年建乾隆五十五年增建二十間倉檔房三間看倉巡更堆房四間又義倉二十間雍正六年建

庫印庫一間銀庫二間棉甲庫一間看庫巡更堆房六間

監獄五間看獄巡更堆房三間

演武廳三間看守堆房三間

賞需樓三間

果樓二間看樓堆房二間

查街辦事房三間

八旗弓鐵匠房六間

稅房三間

火藥庫一間

鷹房五間

船房三間

副都統署共住房二十二間照壁一座

阿勒楚喀

副都統公署大堂五間穿堂三間儀門一間大門三間左右司辦事房各三間前鋒營房三間八旗聽差房十間柵欄全照壁一座

倉公倉六十間乾隆三十二年修看倉巡更堆房三間又雍正六年建義倉二十間乾隆三十九年奉裁七間現實存倉房六十間義倉十三間

庫印庫二間銀庫二間看庫巡更堆房各二間

監獄九間看獄巡更堆房三間

演武廳二間看守堆房二間

果樓二間看守堆房三間

查街辦事房三間

稅房三間

副都統署共住房三十六間照壁一座

拉林

協領公署大堂五間穿堂三間儀門一間大門三間

倉公倉六十間乾隆三十年建看倉巡更堆房三間又乾隆三十九年建義倉十三間

棉甲庫二間看庫巡更堆房三間

演武廳三間看守堆房三間

果樓二間看守堆房三間

查街辦事房三間

稅房二間

協領署共住房三十六間

雙城堡

中屯協領公署正堂三間東廂房三間西廂房三間大門一間

義倉九間看倉巡更堆房一間

左屯佐領公署正堂三間廂房三間大門一間

右屯佐領公署正堂三間廂房三間大門一間

左右屯義倉各九間看倉巡更堆房各一間

物產

貂鼠 吉林寧古塔三姓阿勒楚喀諸山林多有之甚輕煖英俄嶺以南者色黃嶺北者色紫黑三姓下江黑津皮極高除貢皮二千六百張外餘准通商貿易

白貂鼠 另有一種稱千年白者非但不能似黑黃色者多耳

猞猁猻 類野貍而大耳有長毫白花色明一統志謂之土豹

狐 色赤而大夜擊之火星迸出毛極溫煖集腋爲裘尤貴重

元狐 出下江大於火狐色黑毛煖最貴又次黑毛稍微黃者名倭刀

沙狐 生沙磧中身小色白腹下皮集爲裘名天馬皮頦皮名烏雲豹

貂熊 大如狗紫色出寧古塔背頭紫黑兩肋微白

銀鼠 吉林省諸山中有之毛色潔白皮禦輕寒

灰鼠 吉林省諸山中有之灰白爲上灰黑者次之

東珠盛京以東各河蛤蚌皆產珠惟吉林黑龍江界內松花江　江艾琿各江河產者最佳每年烏拉總管分派官兵乘船裹糧溯流尋採遇水深處用大桿插入水底採者抱桿而下入水搜取蛤蚌攜出眼同採官剝開或百十內得一顆包裹用印花封記至秋後方回將軍同總管挑選如形體不足分數或不光亮仍棄之於河以示嚴禁不敢自私亦漢時鍾離意委地之廉潔也至冬底入貢驗收按成色給　賞綢緞布疋近來折發銀兩牲丁更沾實惠矣

樺皮樹皮似山桃有紫黑黃花紋可裹弓及鞍鐙諸物吉林諸山皆有之烏拉向有樺皮屯世管佐領帶領兵丁剝取入　貢雍正年間裁去世管佐領將兵丁撥給官地交糧改爲吉林八旗官兵剝取除額貢之外有以樺皮作船大者能容數人小者挾之而行遇水輒渡游行便捷又以樺皮蓋窩棚並有剝薄皮縫聯作油單大雨不漏

菸東三省俱產惟吉林省者極佳名色不一吉林城南一帶名爲南山菸味豔而香江東一帶名爲東山香

味釅而醇城北邊台菸爲次盌古塔菸名爲台片獨湯頭溝有地四五晌所生菸葉止有一掌與別處所產不同味濃而厚淸香入鼻人多爭買此南山東山台片湯頭溝之所分也通名黃菸

麻 有線麻蕁麻之別線麻堅實凡城堡一切繩套綑縛需用無窮吉林城北一帶種麻者居多每歲所收不減於菸秋後入店售賣販者菸麻並買轉運內地名爲菸麻客此吉林出產一大裝每歲約計賣銀百餘萬兩菸麻店生理大獲其利

松塔 吉林烏拉盌古塔諸山皆產而窩集中所產更勝其形下豐上鋭層瓣鱗砌望之如窣堵每瓣各藏一粒既熟則瓣開而子落

松子 生松塔中烏拉總管每歲入　貢

安春香 生於山巖潔淨處高一尺許葉似柳葉而小味香可供祭祀生於　長白山者尤異常俗呼爲安息香

七里香 枝葉似安春香葉大而厚惟產於長白山別處無所見

烏拉草 俗語云關東有三寶人參貂皮烏拉草夫草而與而人蓡貂皮並立爲三則草之珍異可知吉林山內所產尤爲細輭北地嚴寒冰雪深厚凡穿烏拉或穿塔搭馬者必將烏拉草錘熟墊於其內冬夏温涼得當卽嚴寒而足不覺凍此所以居三寶之一也戊辰春奉天學政茹棻考古命題烏拉草吉林優貢沈承瑞有任他冰雪侵鞋冷到處陽春與脚隨之句學使賞識拔其尤焉

渠麻菜 城外各地邊外之地多有之忽東忽西時有時無諺云有搬家之說其滋生多在興旺之地

小蒜 稱爲小根菜吉林田原向陽處開凍時百草未萌小根菜先見青芽味辛清香可供廚饌性消火毒洵野蔬之異品歲以入貢

山葱 爾雅謂之茖俗稱爲寒葱產於輝法城一帶諸山中最爲肥嫩有寒葱嶺採取時必就寒葱之水洗淨卽時用鹽盛罐方不能壞易水未能良也其味深長炎熱時青蠅不能沾落係潔淨之品歲以入貢

山韭 莖一葉爾雅謂之藿詩六月食鬱卽此出輝法城一帶者尤佳

蕨菜 卽詩云言采其蕨美其名吉祥菜產於吉林山中莖色青紫肥潤每歲曬乾入 貢

蘑菇 諸山中皆有之種類不一生榆者爲榆蘑生榛者爲榛蘑生樟者爲香樟蘑而榆肉生榆樹窟中尤鮮美卽古所謂樹雞是也

紫皮蘿蔔 蘿蔔皮色帶紫者閒亦有之獨三姓所產紫皮蘿蔔不但皮紫內肉亦紫味逾冰梨爽脆適口

托盤 產於吉林山中類似楊梅名曰托盤取象形焉色紅鮮豔味更酣美惜採摘逾夜卽化爲紅水清晨吸飲香美尤爲獨絕

海參 形如蟲有肉刺琿春出者尤佳

海紅 形似海參能滋補出琿春

海茄形似圓晗皮肉似海參無刺滋陰勝品功同海參出琿春

海藻出東海黑色亂如髮葉似藻葉因名海藻本草云有二種生於淺水黑色短如馬尾一種生於深海中葉大如菜唐書渤海傳生於南海者亦細名爲昆布其名雖殊其實一類今琿春所出頗盛

海帶似海藻而粗柔勁而長紫赤色今採者並海藻通呼爲海菜

海蘊葉似亂絲亦海藻之類

鱘鰉即鱘鯉也長丈餘鼻長有鬚口近頷下

細鱗魚頭尖而色白

哲鱸魚似鱸魚色黑味美不醒

鯽魚似小鯿花出寧古塔南湖者極佳

鱖魚大口細鱗有斑彩即鰲花魚也

魴魚 縮項窮脊細鱗即鯿花也

鱎魚 細鱗形窄腹扁頭尾向上即白魚以上同諸色魚歲以入貢

人參 俗稱棒錘有巴掌燈台二夾子四披葉五披葉六披葉之名產於吉省烏蘇哩毅芬英俄嶺等處深山樹木叢林之地秉東方生發之氣得地脈滀精之靈生成神草為藥之屬上上品人參贊云三椏五葉背陽向陰欲來求我椵樹相尋

鹿茸 鹿乃仙獸能別良草述異記云鹿千歲為蒼又五百歲為白又五百歲為玄遼東山闊草壯鹿得以蕃息其茸角膠血力精足入藥自為上品

虎骨膠 虎之一身筋節氣力皆出前足脛骨帶脛骨用全虎骨熬膏膠治一切風寒溼潮腿疾虛虧之症亦有專用脛骨熬膏膠者其效皆神

牛黃 經疏云牛食百草其精華凝結成黃或云牛病乃生黃者非也牛有黃必多吼喚以盆水承之伺其

吐出迫喝即墜水名曰生黃搯折輕虛而氣香者良殺死角中得者名角黃心中者名心黃肝膽中者名肝膽黃或塊或粒總不及生得者
但磨指甲上黃透指甲者爲眞

熊膽本草稱爲上品本不易得吉省深山密林中樵採者時常遇之獵戶捕之易得也

膃肭臍即海狗腎綱目云出西番狀似狐而尾長大臍似麝香黃赤色按臨海志云出東海水中狀若鹿頭似狗尾長又出登萊州其狀非獸非魚但前足似獸而尾似魚觀此似狐鹿者其毛色也似狗者其足形也似魚者其尾形也今琿春三姓地近海邊亦有之醫家以滋補藥多用之

五味子性溫五味皆備皮甘肉酸核中苦辛都有鹹味爾雅謂之莖藸子少肉厚者爲勝出吉林者最佳

細辛一名少辛管子云五沃之土羣藥生小辛是也醫家以吉省細辛爲佳通行各省

黃精處處山谷皆有之服食上品以其得坤土之精久服益壽吉林山土肥壯自然甘美勝他處博物志

云太陽之草名黄精食之可以長年太陰之草名鉤吻食之立死黄精鉤吻形植之别詳見綱目

萎蕤 根似黄精小異莖幹强直似竹箭有節葉狹而長表白裏青性柔多鬚

赤芍 即芍藥根亦有白者此處所產尤勝他處

黄芩 有枯芩條芩之别中虚者多枯芩内實者名條芩其用自異此處所產俱備惟深色堅實者良

柴胡 北產者如前胡而軟入藥亦良南產者不以前胡如蒿根硬不堪用

升麻 其葉似麻其氣上升故名綱目云形細而黑極堅者爲佳今見通取裏白外黑而堅實者去鬚蘆用之俗名爲鬼臉升麻其苗呼爲窟窿芽

紫草 根花俱紫可以染紫草山產粗而色紫入藥紫梗園產細而色鮮只染物不入藥

北山査 有大小二種北者小肉堅去核用亦有力

益母草 綱目云小暑端午或六月六日採益母莖葉花實用治百病尤良

王牟牛 生於深山密林朽木上性溫其形長有寸許細入花莖色黑肉白能下乳不易得產於綏芬烏蘇哩諸山中刨參人有認識者採來售賣此藥本草綱目所無

防風 黃潤者良

麝 形如麞一名香麞喜食柏臍血入藥名麝香出三姓

通草 有細細孔兩頭皆通故云通草即今所謂木通

桔梗 此草之根結實而梗直故名根如指黃白色春生苗莖高尺餘葉似杏葉而長味苦辛者眞

威靈仙 威言性猛靈仙言其功神生先於衆草方莖數葉相對其根稠密多鬚年深旁達一根叢鬚數百條長者二尺許初時黃黑色乾則深黑色人稱鐵腳威靈仙但色或黃或白者不可用

火麻仁 即線麻子

薏苡仁 形如珠稍長青白色味甘咬粘人齒如糯米可作粥飯本地多種之又本草云一種粘牙者尖

而殼薄即薏苡也一種圓而殼厚堅
硬者即菩提子其米少可穿作念珠

馬齒莧葉有大小之别大葉者爲豘耳草不堪用小葉
並比如馬齒而性骨利似莧柔莖布地細細對
生者爲是入藥須去莖其莖
無效本地多採苗煮晒爲蔬

翻白草高不盈尺一莖三葉尖長而厚有皺紋鋸齒面
青背白開小黃花結子皮赤肉白如雞肉故又
名雞腿根生
食煮熟皆宜

卷柏叢生多出石間苗似柏葉而細拳攣如雞足青黃
色高三五寸無花子宿根紫色多鬚其性耐久故
又名長生
不死草

穀精草谷田餘氣所出葉似嫩穀秧
白花如碎星故名此處尤多

狼毒葉似商陸及大黃莖葉上有毛
根皮黃肉白以實重者爲良

旋覆花多生水旁長二尺許細莖葉似柳
花如菊大如銅錢故又名金錢花

鼠尾草以穗形命名野田平澤中甚多紫花莖葉俱可採滋染皁

瞿麥莖纖細有節高尺餘一莖生細葉有尖花開紫赤色者居多子頗似麥爾雅謂之大菊俗呼爲落陽花

猪苓多生楓樹下塊色黑如豬屎皮黑肉白而實者良本草謂之木之餘氣所結亦如松之結茯苓之義

以上物產藥材有志內未載載而未詳者今擇其著名貴重者攷查增錄以補志之未詳備也

人物

賚保大學士軍機大臣吉林鑲藍旗滿洲

舒赫德大學士平定圖爾古特新疆山東臨清州琿春滿洲

愼泰戶部侍郎吉林正黃旗滿洲

順海　都察院左都御史吉林鑲黃旗滿洲

穆克德恩　領侍衛內大臣西安將軍出師巴里坤烏拉滿洲

富德　御前大臣領侍衛內大臣議政大臣理藩院尚書方略館副總裁管理繙書房左翼右官學新舊營房事務正黃旗蒙古都統出師巴里坤金川雲南一等成勇侯吉林正黃旗滿洲

額勒登保　御前大臣太子太保領侍衛內大臣出師緬甸石峯堡金川臺灣廓爾喀苗疆又授川陝楚經略大臣　賞戴雙眼花翎晉封威勇公世襲一等威勇侯霍隆武巴圖魯巴拉滿洲

哈朗阿　御前侍衛前鋒統領世襲一等威勇侯出師出南喀什噶爾西明阿巴圖魯　額勒登保之子烏拉滿洲

博崇武　福建副將出師蘭州山東金川瑪桑巴圖魯吉林正黃旗滿洲

朱爾杭阿　御前侍衛都統前引大臣兼管上駟院武備院出師廓爾喀山東蘭州七達勒巴圖

爵吉林正黃旗滿洲 博崇武胞弟

巴達瑪 正白旗都統出師金川奇爾特依巴圖魯吉林正黃旗滿洲

多隆武 四川提督出師川陝楚巴圖魯吉林鑲白旗滿洲

尼瑪善 成都將軍出師川陝楚吉林鑲白旗滿洲 多隆武之姪

特依順保 黑龍江將軍出師川陝楚奇成額巴圖魯琿春滿洲

格布舍 寍夏將軍出師川陝楚河南巴圖魯琿春滿洲

僧保 吉林副都統吉林正白旗滿洲

靈泰 盛京副都統吉林正藍旗滿洲

武靈阿 吉林副都統出師雲南金川獎賞花翎吉林正紅旗滿洲

佟海 熊岳副都統吉林正藍旗滿洲

烏雅勒達 署齊齊哈爾將軍伯都訥副都統塔爾巴哈台參贊大臣出師巴里坤雲南金川獎賞花翎烏拉滿洲

達嵩阿 三姓副都統出師金川獎賞花翎烏拉滿洲 烏雅勒達胞弟

蘇倫保 伯都訥副都統加都統銜出師川陜楚喀什噶爾哈布台巴圖魯正黃旗滿洲

常在 山東青州副都統出師川陜楚博奇巴圖魯三姓滿洲

來住 吉林副都統兼烏拉總管獎賞花翎烏拉滿洲

吉祿 吉林副都統兼烏拉總管烏拉滿洲 索住之子

烏陵阿 喀什噶爾辦事大臣前引大臣出師川陜楚喀什噶爾獎賞花翎吉林鑲白旗滿洲

舒爾哈善 呼倫貝爾總管喀什噶爾辦事大臣出師川陜楚河南喀什噶爾紆瑪海巴圖魯吉林鑲白旗滿洲

穆騰額阿勒楚喀副都統出師川陝楚吉利杭阿巴圖魯吉林正白旗滿洲

明德墨爾根副都統出師川陝楚嘎爾薩巴圖魯烏拉滿洲

武登額熊岳副都統出師雲南金川臺灣川陝楚嘎爾薩巴圖魯八十歲五世同堂奉旨賞恩榮介壽匾額吉林鑲白旗滿洲

德海愛琿副都統出師川陝楚河南喀什噶爾騰奇特依巴圖魯阿勒楚喀滿洲

和福寍古塔副都統出師河南獎賞花翎吉林額穆赫索囉滿洲

精欽保乾清門行走阿勒楚喀副都統出師川陝楚獎賞花翎琿春滿洲

倭楞泰吉林副都統出師川陝楚喀什噶爾賞換花翎吉林鑲藍旗滿洲

安福乾清門行走前鋒統領出師川陝楚喀什噶爾巴圖魯吉林鑲藍旗滿洲

富永熊岳副都統出師金川川陝楚獎賞花翎吉林鑲藍旗滿洲

富僧德乾清門行走護軍統領出師川陝楚巴圖魯琿春滿洲

阿勒罕保乾清門行走副都統出師川陝楚喀什噶爾巴圖魯琿春滿洲

富蘭察哈爾都統護軍統領出師川陝楚獎賞花翎吉林正黃旗滿洲

我

朝發祥

長白國初佐命貔貅之士皆出自吉林省載在史册今自乾隆年閒開錄補志之末載也

吉林外記卷七終

吉林外記卷八

時令

吉林太陽出入時刻大抵春分六日後視京師出漸早入漸遲此晝之所以長於京師也秋分六日後視京師出漸遲入漸早此晝之所以短於京師也至一歲節氣視黑龍江時刻較早視奉天時刻較遲如道光元年新

正二日立春吉林巳正初刻十四分黑龍江巳正一刻一分奉天巳正初刻一分觀此可以驗天時矣

吉林通省琿春獨煖地近海隅日出早見得陽氣之先也伯都訥半屬沙漠四時多風春風尤甚或竟日不息軍民不燃竈火爐爨為食三姓最北至寒其餘各城風景相同琿春之煖亦不似內地酷熱當風交扇猶然雨汗淋漓也不過較煖於諸城而已

松花江每歲十月堅冰可行重車然雖極寒向陽處終有冰孔立春後冰孔乃全實故刨參人於正月內方沿冰用扒犂送米入山至清明節前後冰泮但二月清明

則冰解反在節前三月清明則冰解反在後歷驗不爽
其理殊不可解

吉林

風俗

性直樸習禮讓務農敦本以
國語騎射爲先兵挽八力鎗有準頭驍勇聞天下自嘉慶
五年添設滿合考試文風丕振

烏拉

尙勤儉明禮讓總管衙門管下八採捕優長協領管下
八精於騎射

寍古塔

尚湻實耕作之餘尤好射獵近年漢字事件日增競談文墨

琿春

舊無丁民亦無外來民戶皆熟

國語捕打海參海菜爲生少耕作春夏秋冬射獵無虛日尤嫻於鎗

白都訥

風氣醕古八樸厚好騎射常於馬上擲木棒捕野兎山猫百發百中木棒長一尺徑寸餘

三姓

好直爽善騎射鎗技嫻習數年前曾有協領福珠隆阿射虎項骨後第三斑點處一箭倒臥不動虎項骨後第三斑點通心

阿勒楚喀

尚耕釣素稱魚米之鄉習禮讓嫻騎射務本而不逐末

拉林

淳樸相尚務農之餘熟嫻騎射

雙城堡

習尚勤儉旗丁熟嫻耕作地利大興

貞節

貞女姚氏吉林正藍旗滿洲閑散德得未婚妻年二十九夫歿于歸矢志柏舟誓死靡他守節終身乾隆三十九年

旌表

貞女鄂扎氏琿春正黃旗三等侍衛訥依松額未婚妻本名門望族父吉林協領僧保兄福建副將博崇武弟

御前侍衛都統珠爾杭阿識字通文熟讀綱目常與弟兄論及治政悉獲至正之要宗戚稱爲女中丈夫年二十八夫陣亡金川翦髮痛哭徒步于歸撫養夫先妻之子多倫保成立後陞協領長孫富尼雅杭阿陞佐領教以居

官清正之道不事貪墨多倫保事母至孝凡家中事無鉅細皆奉母命而行雖日用常餐未嘗先食氏偶病必親侍湯藥終夜不寢盛暑衣不解帶貞節格天得此孝子奉養鄉人稱之守節五十一年嘉慶三年

旌表

查城

東三省向例五年

星使按臨各城查閱錢糧倉庫點驗軍裝器械馬匹總在冬季往返跋涉不勝其累不但驛站疲於奔命而各城供給竟至一二年不能彌縫其闕嘉慶二十三年將軍

高俊條奏以各城即有虧空計值巡閱之年早爲借備齊全盤查誠爲故套勞兵傷財於公事無益請停止責成三省將軍隨時稽查不拘年限出其不意

欽派盤查庶得實濟奉

旨向例每屆五年派京卿一員巡查奉天由盛京五部侍郎內奏派二員巡查吉林黑龍江因恐派員巡閱原以慎重官守稽查懈怠然定例年限則期可預知即有弊端不難先期掩飾於事仍無裨益嗣後該三省屆期巡查之例俱著停止奏派朕酌量應查閱之處特旨派員前往以昭核實欽此

年班

吉林省副都統年班進京例應二員如遇將軍年班副都統亦去一員道光六年將軍富俊條奏長途往返躭延時日署缺之員未免意存五日京兆於公事無益奉

諭覽嘉准自本年為始應值將軍年班副都統即無庸進京如值副都統年班亦祇須輪替一員進京無庸二員年班以重職守

黑津

黑津名目不一琿春東南濱臨南海一帶者謂之恰喀爾三姓城東北三千餘里松花江下游齊集以上至烏

蘇哩江東西兩岸者謂之赫哲齊集以下至東北海島
者謂之費雅喀又東南謂之庫葉齊集地名也恰喀爾
隔年一次至烏蘇哩莽牛河三姓派員收給
貢皮九十張頒給
賞物齊集以上者俱赴三姓城交納
貢皮領取
賞物齊集以下者俱在三姓城東北三千里德勒恩地方
三姓派員收納
貢皮頒給
賞物此三項黑津每年共納貂皮二千六百餘張所有

賞賚蟒袍妝緞紬緞布疋諸物例由三姓每年派員赴盛京領來分賞又烏蘇哩江口松花江下游黑津私下貿易常於冰凍後以數狗駕車而來捷如奔馬性嗜酒貪小利奸商能懂黑津話者交易換貨其利倍蓰每以辣椒水攙燒酒換去盛瓶攜於狗車或瓶破而酒凍不灑喜出望外猶感奸商之情其蚩蚩之性如此其餘更可知也

査山

黑津捕打爲食夏衣魚皮冬衣犬鹿皮未嘗食粟山內產參不知刨採有偷挖人參者稱爲黑人十百成羣䭾

負糧布鼠入其中呼朋引類約有千餘人搭蓋窩棚招集黑斤丁勇與之衣食令其認採參枝安享漁利據其家室姦盜邪淫無惡不作嘉慶十六年將軍賽沖阿
奏派副都統松箖色爾滚帶領官兵一由寧古塔磨刀石長嶺子一由三姓烏蘇哩江呢滿口分路入山搜查焚燬窩棚拔棄窖糧將偷挖人葠之黑人窮搜盡逐趕至距寧古塔二千五百八十五里蘇城一帶出山時適逢大雪竟至八九尺黑人無處躲避雪埋過半凍斃多人姦邪之報其應如響

領票交參

領票曰攬頭挖參曰刨夫市稱爲烏金行所住曰票房子領票進山謂把兒頭每票一張發給一腰牌四個卡倫驗明放行帶領十餘人爲一棚從前放票千有餘張漸因出參較少採取愈難歷任將軍以次
奏減至數百張放票有定額放不足數官有處分票有出山票規燒鍋票臥票之分每領出山票一張例給接濟銀二百兩秋後交參二兩併原領接濟銀一併交官不准塌欠燒鍋票每張亦交參二兩出於燒鍋商人每票一張交京錢五百弔包給攬頭刨夫代爲交參又有未經放出之票謂之臥票用餘參銀兩分派攬頭買補臥

票額參交官每年十月間將軍副都統督率局員挑揀
四等參五等參裝箱派參局協佐領進
貢謂之頭邦參挑賸餘參准攬頭刨夫掛號變賣有蘇州
山西參商來買者亦有攬頭刨夫自赴蘇州去賣者將
軍營堂過秤給票派員送至山海關驗票進關謂之二
邦參無票曰黑參拏獲照例治罪吉林向無收取參餘
名目因乾隆五十九年刨夫揭欠虧空庫項數十萬兩
經
欽差大學士福康安等審明奏定餘參一兩抽收號銀不得
過二十兩彌補虧空謂之參餘相沿至今遂爲定例除

買補臥票額票之外盈餘銀兩抵充兵餉

放票論分數

例載參票如十分之中承放官員短放不及一分者罰俸六個月一分以上者罰俸一年二分以上者降一級留任三分以上者降二級留任四分以上者降三級留任五分以上者實降一級調用若該管大臣不行查催各城有短放參票三分以上者將軍副都統等罰俸六個月四分以上者罰俸一年五分以上者降一級留任

例載私養參秧照私刨人參例辦理又例載一時烏合各出資本及受雇偷採或隻身潛往得參者俱按其得

參數目一兩以下杖六十徒一年一兩以上至五兩杖七十徒一年半一十兩杖八十徒二年爲從及未得參者各減一等

活剝牛皮

吉林西至威遠堡邊門有外來回民每勾結本處窩竊者坐地分贓烏拉城西北一帶深密林中向有窩竊地穴偷竊牛馬事主找認須以錢贖或因緝捕緊急盜牛不遠將牛束縛用利刀在牛膝以上挑開畫線以通腹下即放起以鐵鉤鉤其背繫於樹下牛負痛猛奔皮豁剝落賊語謂活脫衣鮮血淋漓牛仍奔回越日始斃最

爲可慘將軍富俊二任吉林購線緝獲毀其賊巢盡法懲辦盜賊慘竊之風遂息

查閱高麗

例由京禮部派通官二員行文吉林寧古塔每年輪派佐領防禦筆帖式各一員吉林寧古塔每旗派領催各一名甲兵各二名官莊派領催一名壯丁十五名每年蜡月初旬帶同通官赴額穆赫索囉會齊前往到高麗地方會寧城其城在東山坡主鎮官郊迎至鰲山公館設宴欵待極爲恭敬例應進牛一百三十四頭分給吉林寧古塔協領十員各一頭吉林官莊二十三頭寧古

塔官莊二十頭吉林八旗每旗各三頭奉差之佐領四頭防禦三頭筆帖式二頭通官二頭每牛一頭應賞布七疋均於得牛名下出給又三年一次赴清元地方會同琿春官員查閱貿易例應開市五日通商貿易以其所有易其所無向來駕兒馬一匹易牛二頭走馬一匹易牛二三至四五頭不等其利倍焉偶遇天災倒斃亦多折本又高麗清心丸極爲靈驗近亦有通官自京帶來充售者也

整飭日站

郵馹之設所以通

星軺而行文報也向來吉林驛站濫支濫應丁疲馬乏以致將站丁原有地畝典賣殆盡丁逃逋欠不一而足由來已久歷任將軍查閲總以積重難返無從調劑嘉慶二十三年將軍富俊清查四路驛站典賣地畝共一萬五千餘晌示諭典賣官產例禁綦嚴分別年限查典賣十年以後即行收回如未滿十年者自種減租二成倘有拖欠逐佃另招該典賣民人赴京控告

星使定讞奏

聞部議將此項地畝入官納糧復經將軍富俊條奏作為八百五十站丁隨缺之地每丁得隨缺地十五晌零九

畝以次津貼當差又伯都訥圍場沿邊隙地荒蕪可惜自登依勒庫站至五家子站沿邊餘荒計有二萬晌給北路站丁招佃試墾所得租價分給三十八站充公丁力饒裕賠務日增起色矣

粥廠

吉林土著民人甚少而外來者謂之抱腿兒大抵永平府屬暨山東人居多非挖蔘爲業卽砍木營生近年人民稠密五方雜處內中遊手好閒以及老幼廢疾者遇冬不免饑寒常有凍斃倒臥街衢者將軍富俊查知此情於城隍廟施設粥廠勸諭西街各舖商捐資共襄善

舉每年自十一月初一日起至開年二月十五止賑施粥廠活人無數

功德院

吉林城内雍正年間有壽婦石熊氏年九十餘家道殷實好善樂施無子嗣將住宅改爲功德院遇冬〻貧民老幼廢疾無衣食者往功德院依歸晚間熱炕日飼粥飯至四月初一日爲止石熊氏壽至百齡生前將家有良田盡施於功德院招德行僧經管永遠奉行追石熊氏身後僧與貧民咸感其德卽於功德院殿之西隅另建一間塑像奉事香火相沿至今遇冬〻貧民赴同知衙掛

號送功德院收養又相傳乾隆五十六年四月二十日城內火災甚熾逼近功德院人力不能撲救該僧與鄰人彷徨失措忽院內有一老嫗白髮蕭蕭曳杖迎火而前顧謂救火人曰功德濟人天所佑也言訖遂不見頃刻間反風火滅功德院無恙噫一婦人之善念周濟貧民感動人天雖無子嗣香火不絕石能氏宜乎有靈死且不朽矣

木有軟硬

每年官處給票砍運修造船隻及八旗官兵蓋房燒柴承領票頭謂之木頭老鴉砍存過冬謂之打凍乘冰雪

拉運及開河至江口謂之赶洋總由拉發河蛟河趕至拉發口登廠穿排入松花江到城江邊如桅木柞木紅紐勁子女兒木青岡柳等謂之硬木煉火成炭至沙松黃果木松柴椵木榆木秋木楊木皆謂之軟木可作器具蓋房之用燒無火勁各隨木性利用咸宜

採煤

吉林爲產木之區家家柴薪堆積成垛不但蓋房所用梁柱杦檩杭沿窗櫺一切大小木植即街道圍墻無不叅資板片近來生齒日繁庶民雲集產木山場愈伐愈遠將軍富俊僉及旗民日用柴價昂貴生計拮据前後

奏請於營盤溝荒三子道溝二台及西南山坡等處開採煤窑以濟旗民炊爨價廉於柴

圍獸

打牲獵戶稱爲炮手虎稱爲老媽子熊名曰黑瞎子此村民語也熊虎吉林諸山中皆有之虎嘯風從熊出爭門山鳴谷應兇不可當炮手潛放冷箭攫取先斃其虎熊不知道蓋虎靈而熊傻也熊亦入蟄或鑽土穴或藏空樹稱爲坐硐氣炎薰蒸霜雪中一望而知炮手知其在硐擲柴塊於硐口熊掌撥入塡塞硐門旁鑽小孔刺斃之頗不費力至野猪大者有六七百觔齒如象齒外

出而又灣捲利逾鋒刃護領毫豕出山覓食虎貙不能犯且週身日襯松油原有寸許名曰掛甲鎗箭不能入炮手能以鎗箭取中其七竅者始斃

耙犁用兩轅木作底立插四柱高三寸許上穿二橫木或鋪板或搪木坐人拉運貨物皆可前轅上彎穿以繩套二馬服駕輕捷於車若馳馹更換馬匹冰雪之地可以日行三四百里並有坐車上棚於耗犁底上設旁門套鹿皮圍謂之煖耙犁

操練

道光二年將軍富俊

奏吉林與京城暨各省駐防綠營兵弁情形皆不相同吉林兵丁散處各屯率以務農打牲爲業惟春秋二季調省垣先令本管協領督率各佐領演練步射騎射鎗陣各技藝又復專派協領輪看後乃擇日分旗於教場大操分別獎賞責革其春季有差使外出者註册秋季補操毋許兩季不到騎射爲旗兵長技弓不勁不能及遠故挑缺時則以制準六力官弓爲合式操練時則以八力爲上等又鳥鎗尤軍中利器吉林漢軍參領所轄八旗爲鳥鎗營尤加意訓練至官爲兵之表率操練時比較十旗五十六佐領兵丁技藝優長分別獎責之外該

管協領佐領等一併分別記功記過以示勸懲每年小雪節後揀選各城官兵一千名行圍採捕
貢鮮即以比較技勇分別記註功過每遇陞轉缺出先較技藝技藝等再較軍功軍功等再較清漢文字三者俱優然後入選此歷年操練之舊規也惟於常練之外酌擬操練之處連日再三熟商務農習勞於田間打牲訓練於馬上二者均不可廢惟每年春秋以仲月望調操至季月杪罷操嗣後以仲月朔調操每季加展半月俾資肄習將軍副都統跟班兵丁向係輪班當差暇時即令在門前演射以期造就等因具奏奉

旨吉林乃我朝根本重地本處兵丁素稱驍健朕所深知然必當安不忘危培養人材為要我滿洲舊俗總在弓箭鳥鎗馬上此三項允宜並式樣架勢終無實用也汝可遵照定章留心訓練日久不可稍形廢弛勉之欽此

吉林外記卷八終

吉林外記卷九

古蹟

古蹟

吉林

大金得勝陀 即額特赫噶珊金太祖誓師之地 國語額特赫勝也噶珊鄉村也

得勝陀頌

奉政大夫充翰林修撰同知 制誥兼太常博士驍騎尉賜緋魚袋臣趙可奉

敕撰

儒林郎咸平府淸安縣令武騎尉賜緋魚袋臣孫侯

奉

敕書丹

承直郎應奉翰林文字同知制誥兼充　國史院編

修官雲騎尉賜緋魚袋臣党懷英奉

敕篆額

得勝陀

太祖武元皇帝誓師之地也臣謹按　實錄及

睿德神功碑云

太祖率軍渡淶流水命諸路軍畢會

太祖先據高阜國相撒改與衆仰望

聖質如喬松之高所乘赭白馬亦如岡阜之大
太祖顧撒改等人馬高大亦悉異常
太祖曰此殆天地協應吾軍勝敵之驗也諸君觀此正
當戮力同心若大事克成復會於此當酬而名之
後以是名賜其地云時又以禳禬之法行於軍中
諸軍介召序立戰士光浮萬里之程勝敵刻日
其兆復見焉大定甲辰歲
鑾輅東巡
駐蹕上都思
武元締構之難盡

孝孫光昭之道始也命新
神御以嚴穆穆之容旣又俾刊貞石以贊暉暉之業而
孝思不忘念張閎休而揚緯蹟者蓋有加而無已也明
年夏四月詔以得勝陀事訪於相府謂宜如何相府
訂於禮官以爲昔唐玄宗幸太原嘗有起義堂頌過
上黨有舊宮述聖頌今若倣此刻頌建宇以彰
聖迹於義爲允相府以
聞制曰可臣可方以文字待罪禁林然則頌成功美形
容臣之職也敢再拜稽首而獻文曰
遼季失道 腥聞於天 迺眷東顧 實生 武元

皇矣我祖　受天之祜　恭行天罰　布昭聖武
有眷者阿　望之陂陀　爰整其旅　各稱爾戈
諸道之兵　亦集其下　大巡六師　告以禍福
明明之令　如霆如雷　桓桓之士　如熊如羆
先是太祖　首登高阜　靈祝自天　事駭觀覩
今仰聖質　凜如喬松　其所乘馬　岡阜穹宗
帝視左右　人馬亦異　曰此美徵　勝敵之兆
往無不利　諸君勉之　師勝而還　當名此地
神道設教　易經著辭　厭勝之法　自古有之
我軍如雲　戈甲相屬　神火燄燄　光浮萬丈

厥類惟欽　天有顯道　國家將興　必有禎祥
周武戎衣　火流王屋　漢高奮劍　素靈夜失
受命之符　孰云非眞　出彼宗元　遂誣尙明
得勝之祥　如日杲杲　至今遺老　疇佛神道（下空二句）
聖金天子（下空一句）武元神孫　化彼朔南　德侔羲軒
眷言舊邦　六飛戾止　六飛戾止　江上艮是
念我列祖　開創之堇　風櫛雨沐　用集大勳（下空二句）
聖容既新（下空一句）聖功既寓　永克厥志　以爲未也
惟此得勝（下空一句）我祖所名　詔以其事　載諸頌聲
文王有聲　遹駿有聲　潤色　祖業

惟時　帝王之符　聖明　千載治孝
配姬與劉　詔於萬世
大定二十五年七月二十八日立
背面
乘羊关羊
天永血币乜岗全東
天不岗鱼姜弟件矢反
天示季夲反乜庄羔米丈吞尧庥禾
太兂币乜叏盂秀更麦夅忒
史來宋光

早攴旻朩乱冊夅史庁夲米
夾曳反△米支非朩孚米夸斗芳乏
並△△米床床历庠父父畓爻圭弓里
米尖支由凧兵凤戈凩亲△史不
禾夫羊抢谷更㒵生佱㑁朩
季朩厉失仫宇叵更存早支岗舌孪
金太祖攻黃龍府次混同江無舟以渡金主使一騎前導乘赭白馬徑涉曰視吾鞭所指而行諸軍隨之以濟遂克黃龍府後使人視其渡處深不可測故老相傳渡處即今五家子站門前松花江未足憑信五年春將軍

富俊奏准伯都訥閑荒招佃認墾取租勘丈至五家子站北荒見此得勝陀碑頌今鈔錄入記始知故老遺傳有所本矣

坎卦圖石 乾隆五十六年理事廳恭友王姓自言識地理在北門外元天嶺上建坎卦石鎮壓火災嘉慶十一年城內又被回祿延燒旗民房屋八十餘閒鎮壓無驗千載而下見此圖石不知何所取意惑人不淺

芍藥池 在吉林西南四百餘里有芍藥一本春暮花開爛漫相傳乃 國初時舊植花池甃磚依稀可辨

顯德府 在吉林城東南新唐書渤海傳上京南爲中京曰顯德府領盧顯鐵湯榮興六州地理志自鴨綠江口舟行百餘里乃小舫泝流二百里至神州又陸行四百里至顯州天寶中王所都 按顯州卽顯

德府唐先天二年賜名呼爾罕州是也遼史謂郎平壞城又以遼所置東京之顯州爲本顯德府地皆誤

長嶺府 在吉林城西南新唐書長嶺營州道又渤海長嶺府領瑕河二州遼史地理志東京長嶺府遼史本紀太祖天顯元年遣康默記韓延徽攻長嶺府八月下長嶺府　按長嶺府遼志不詳沿革或仍渤海之舊長嶺亦作長嶺古字相通今吉林西南五百里有長嶺子國語謂之果勒敏珠敦南納嚕窩集北接庫勒訥窩集自長白山南一嶺環繞至此爲衆水分流之地東北流爲雅吉善輝發等河入混同江西北流爲英莪哈達葉赫黑爾蘇等河長嶺府之名當取諸此錦州復州雖亦有長嶺皆不如此之最著則渤海長嶺府地爲

吉林長嶺子無疑

雞林州 舊唐書龍朔三年詔以其國爲雞林州都督府授其王金法敏爲都督新唐書王居京城環八里龍朔元年以其國爲雞林州大都督府咸亨五年王金法敏略百濟地守之上元二年劉仁軌破其衆於七重城以靺鞨兵浮海略南境吉林烏拉四字國語今以古雞林作證從漢字音也

寧江州 在吉林城北混同江東岸遼史地理志寧江州混同軍清寧中置統縣一混同縣金廢金史本紀太祖進軍寧江州十月朔克其城次來流城來流即今拉林河大金國志太祖十三年起兵攻混同之東寧江州遼高仙壽敗失寧江州遼再遣蕭嗣先屯珠赫店臨白江與寧江州女眞兵對壘女眞潛渡混同江掩擊之嗣先兵潰松漠紀聞寧江州去冷山百七十里地苦寒每春氷泮遼主必至其地爲樂金祖起兵首破此州　按遼金二史金太祖起兵先攻寧江州遼守將蕭烏納戰敗棄城渡混同江而西是州在江以東矣高士奇扈從錄云大烏拉去船廠八十餘里即遼之寧江州也

河州 在吉林境遼史地理志河州德化軍置軍器坊按明人地志云廢河州在黃龍府北遼置河州有軍器坊又引一統志開元東北五百里有溫登河源出防州北山北流入松花江所謂坊州疑即河州矣攷遼金無坊州第因河州有軍器坊而遂以坊州屬之亦恐未足爲憑也又按黃龍爲開原境則河州在吉林境內無疑特舊址今無攷

寧古塔

金上京宮殿 大金國志國初城郭散居呼曰皇帝寨國相寨太子莊後昇曰會寧府建爲上京其遼之上京改作北京城邑宮室無異中原州縣廨宇制度草刱又云皇統六年春三月上以上京會寧舊內太狹役五路工匠撤而新之規模悉倣汴京

嘉蔭侯廟 金大定中冊上京諸林爲嘉蔭侯立廟後廢今其地大木儼然

皇武殿 金世宗打毬校射之所金史本紀大定二十五年上在會寧府謂羣臣曰上京風物朕自樂之祖宗舊邦不忍捨去後數日宴宗室於皇武殿曰朕尋常不飲酒今日正欲沈醉此樂不易得也宗室故老以次起舞進酒上曰吾來數月未有一人歌本曲者吾爲汝等謌之命宗室弟子皆坐殿上聽朕自歌其辭羣臣宗戚皆稱萬歲

八角井 在舊宮東北石甃八角井欄猶存常有光自井出掘之得鐵砧二枚古鏡二圓雍正四年井中

淘得銀牌一面鐫人姓名功績

歐孝子里在寗古塔城東舊志明監生歐某家有妖狐祟已魅殺臧獲十餘人後聲言將殺歐某之母屢至危殆歐某割股以進俄聞狐語曰此人割股孝親天已增其母壽十年矣遂去不復爲患後十年母以壽終

渤海上京在寗古塔城西南新唐書渤海本粟末靺鞨附高麗者姓大氏高麗滅率衆保挹婁之東牟山萬歲通天中契丹盡忠反有舍利齊齊克仲象者度遼水保太白山之東北阻鄂掄河自固武后封爲震國公其子祚榮建國自號震國王地方五千里盡得扶餘沃沮弁韓朝鮮海北諸國先天中爲渤海郡王以所統爲呼爾罕州自是始去靺鞨號專稱渤海子武義直大圖宇私改年號天寶末徙上京直舊國三百里呼爾罕海之東建五京十五府六十二州此爲肅愼故地曰上京龍泉府賈耽曰自安東都護府東北經古蓋牟新城又經渤海王城城臨呼爾罕海其西南三十里有古肅愼城其北經德里鎮至南

黑水靺鞨千里又曰自神州陸行四百里至顯州又正北如東六百里至渤海王城　按舊志謂渤海上京在烏拉境內今以唐書考之當在寧古塔西南境與金上京相近明一統志云金滅遼設都於渤海上京是也

會寧府 在寧古塔西南金史地理志上京路即海古勒之地今之舊土也國初稱爲內地天眷元年號上京海陵貞元二年遷都於燕削上京之號止稱會寧府大定十三年復爲上京會寧府府一領節鎮四防禦一縣六鎮一舊有會平州天會二年築契丹之珠賚城也後廢又金史會寧府初爲會寧州太宗以建都升爲府天眷元年置上京留守帶本府尹兼本路兵馬都總管後置上京海蘭等路提刑司戶三萬一千二百七十東至瑚爾哈六百三十里西至肇州五百五十里北至扶餘路七百里東南至率賓路一千六百里南至海蘭路一千八百里縣三松漠紀聞自上京至燕二千七百五十里三十里至會寧頭鋪四十里至第二鋪三十五里至阿薩爾鋪四十里至拉林河四十里至巴達貝勒鋪七十里至賓州渡

混同江北盟會編出榆關以東第三十八程至拉林河終日之內山無寸木地不產泉又五里至矩古貝勒寨書女眞人第三十九程至館去上京尚十里許亢宗奉使行程錄過混同江四十里宿呼勒希寨第三十六程自呼勒希寨東行五里契丹南女眞舊界也八十里至拉林河行終日無寸木地不產泉人攜水以行渡河五里至矩古貝勒寨第三十七程自矩古貝勒寨七十里至達河寨第三十八程自布達寨行二十里至烏舍那君宅又三十里至館此去北庭尚十里高土奇扈從錄沙林東南十五里曰火茸城金之上京會寧府也廣四十餘里中間禁城可里餘三殿基址皆在碎碧瓦碁布其上禁城外有大石佛高可三丈許蓮花承之前有石塔向東小敵出大城而西則芰荷瀰渚逶迤緜渺莫窮其際渚間有亭榭遺迹自沙林而東八十里爲盛古塔 按金史原文云國言金曰按出虎以按出虎水源於此故曰金源建國之號蓋取諸此考國語金曰愛新金史舊解以金爲按春國語耳墜也耳墜以金爲之因誤爲金并按出虎亦誤爲金吉林境內無愛新水亦無按春水攷之當爲阿勒楚喀河蓋據松漠紀聞北盟會編及

大金國志諸書金上京行程過拉林河一程即至上京驛東至阿勒楚喀不過百餘里阿勒楚喀河源在吉林城北拉林河源在吉林城東北而金上京宮闕在混同江二百六十里去拉林河一百七十五里核之即阿勒楚喀之明證也且金太祖實錄云契丹以鑌鐵爲國號鑌鐵雖堅終有消壞惟金一色最爲眞寶自金本國可號大金亦並未有云金水源也又按舊志云寗古塔西南六十里瑚爾哈河之南有古大城周三十里四面七門內城周五里東西南各一門內有宮殿舊址即會寗府之遺跡也今案之松漠紀聞北盟會編奉使行程錄所載里數俱同可見金上京之地總在今寗古塔之西混同江之東其去混同江二百六十里以今道里案之當在塞齊窩集左右塞齊窩集嶺上有故城址相傳爲金時關門蓋自船廠東十里過混同江至尼什哈站三十里至交密峯四十里至額赫穆站十里至納穆窩集三十里至山神廟五十里至拉發站七十里至推屯站三里至塞齊窩集又東三百九十里至寗古塔塞齊窩集在吉林城外混同江東二百四十餘里而拉林河源之拉林山在城東北二百四十五里阿勒楚喀河源之扎松

阿山在城東北三百里俱屬相近本朝康熙十六年寧古塔將軍薩布蘇以繩量道里兩度爲丈百八十丈爲里自寧古塔西關門量至吉林東關門凡九萬八千丈爲五百五十里後分八站作六百三十里雖古今里數未必盡同然正約略可見耳又按瑚爾哈路爲寧古塔地今自吉林至寧古塔城凡程站里數亦約略相同正無可疑也

廢瑚爾哈路在寧古塔城東渤海上京地金史地理志瑚爾哈路初置萬戶海陵改置節度使承安三年置節度副使西至上京六百三十里北至邊界哈喇巴圖千戶一千五百里又金太宗天會六年徙昏德公重昏侯於韓州八年徙瑚爾哈路元史地理志瑚爾哈距上都四千二百里大都三千八百里有瑚爾哈江并混同江又有海蘭河流入于海

曲江故縣舊志在故會寧城東北金史地理志大定七年置鎮東縣屬會寧府十三年改曰曲江又有宜春縣亦大定七年置屬會寧府元初與府俱廢按曲江初名鎮東以在會寧之東也以其當水曲之

地故名曲江今盜古塔城正當瑚爾哈河灣曲處疑即曲江縣也

白都訥

肇州在白都訥城南金史地理志肇州防禦使舊名珠赫店天會八年以太祖兵勝遼肇基王跡於此遂建爲州金史本紀遼都統蕭嘉哩副都統托卜嘉將步騎十萬會於鴨子河北太祖自將擊之黎明及河遼兵方壞陵道選壯士十輩擊之大軍繼進遂登岸與敵遇於珠赫店會大風起塵埃蔽日乘風擊之遼兵潰遂至沃涝濼殺獲不可勝計遼人嘗言女眞兵若滿萬則不可敵至是始滿萬云今白都訥城東南阿勒楚喀河西岸古城二十里內子城周四里南距吉林城三百四十里東去會盜城六百里與金史道里相合疑即肇州遺址又按北盟會編遼天慶四年金太祖會集諸部全裝軍二千餘騎首破混同江之盜江州大敗渤海之衆獲甲馬三千又敗蕭嗣先於珠赫店及拉林河黃龍府咸州好草峪四路都統誅斬不可勝計據此則肇州在拉林河之東吉林之北益明矣

長春州其舊址應在今白都訥地及杜爾伯特扎賴特子河春獵之地興宗重熙八年置統縣一長春縣本鴨混同江地戶二千金史地理志泰州昌德軍本契丹二十部族牧地大定二十五年罷承安二年復置於長春縣北至邊四百里南至懿州八百里東至肇州三百五十里戶三千五百四縣一曰長春即遼長春州天德二年降爲縣隸肇州承安三年來屬大金國志太祖十四年遼天祚帝率蕃漢兵十餘萬出長春路分五部北出駱駝口太祖乘其未陣三面擊之天祚大敗退保長春太祖乘勝遂平渤海遼陽等五十四州

三姓

五國部在寍古塔城東北亦曰五國頭城遼史營衛部族志五國部博和哩國博諾國鄂羅穆國伊埒圖國伊勒希國元一統志混同江發源在長白山北流經渤海建州西五十里會諸水東北流上京下達五國頭城北又東北注於海明一統志云五國頭城在舊里衛北一千里自此而東分爲五國舊傳宋徽

宗葬於此高士奇扈從錄自寗古塔東行六百里曰章圖哩喝善松花黑龍二江合流於此有大土城或云五國城　按五國城之說不一或謂寗古塔東松花黑龍二江合流之處有土城焉或以爲在朝鮮北境近寗古塔有故城在山上或以爲去燕京三千八百里西至黃龍府二千一百里或謂寗古塔相近搶頭街有僞城址五疑即是也據金太宗本紀云天會六年徙昏德公重昏侯於韓州八年再徙瑚爾哈路則實在寗古塔地宋史稱韓州五國城誤合爲一地第諸書皆約略之辭未有實據今三姓地方有五國城遺址　讀宋史徽欽二宗初徙韓州後移冷山遍考不知何地元年將軍富俊奉

命赴邊外昌圖廳八面城查辦地畝控案得一土埋銅鏡周篆内清斯外昭明光輝象夫日月心忽揚而顧照雖塞而不泄長毋相忘見日之光三十一字背面楷書鑄韓州刺史四字八面城爲金之韓州已有確據矣金太祖克寗江州次來流即拉林河松漠紀聞寗江州去冷山百七十里地苦寒以拉林上下河口度之冷山去阿勒楚喀不遠五國城似在阿勒楚喀界金太宗天會六年徙昏德公重昏侯於韓州八年徙

瑚爾哈路五國城似在甯古塔界高士奇扈從錄云大烏拉去船廠八十餘里即遼之甯江州五國城似又在吉林界自薩英額高祖由京陞吉林正黃旗佐領至今五世爲吉林人留心考查無此城基常見阿勒楚喀三姓各官訪問皆云阿勒楚喀並未聞有五國城遺址及冷山之名阿勒楚喀時令寒暖與吉林相同惟三姓城東北一千餘里松花江南岸有五城遺址地極寒冷不種五穀北岸有一大山疑即松漠紀聞所言冷山也又元一統志混同江東北流上京下達五國城頭東注於海　按松花江發源於長白山北至吉林折而東北出法特哈邊門至伯都訥又東北至三姓北受黑龍江東入於海五國城近臨松花江非甯古塔界可知矣高士奇扈從錄松花黑龍二江合流之處爲五國城與元一統志所稱之地無異攷論古今五國城在三姓無疑松漠紀聞士奇錄里數地名傳聞互異似不足爲證姑論此以俟後之博覽君子

阿勒楚喀

雲錦亭 又有臨漪亭並金世宗建爲龍鷹之所金史地理志在阿勒楚喀水側

賓州 在阿勒楚喀境本渤海城遼史地理志賓州懷化軍節度本渤海城統和十七年遷烏舍戶置刺史於鴨子混同二水之間後升兵事隸黃龍府都部署司金史本紀太祖十三年命布呼等攻拔賓州烏舍楚古爾蘇來降遼將徹格爾戰於賓州布呼敗之鐵驪王以所部降松漠紀聞翁舍展國最小不知其始所居後爲契丹徙置黃龍府南百餘里曰賓州州近混同江卽古之粟末河部落雜處以其族之長爲千戶統之又契丹自賓州混同江北八十里建寨守禦女眞契丹國志宋政和五年金太祖攻遼破賓州元一統志上京故縣古肅愼氏地渤海大氏改爲上京金旣滅遼卽上京建邦設都後改會寧府京之南曰建州京之西曰賓州又西曰黃龍府又廢祥州在賓州西南遼祥州瑞聖軍統懷德縣屬黃龍府遼史地理志祥州瑞聖軍節度興宗以鐵驪戶置兵事隸黃龍府都部署司統縣一懷德縣金史太祖十三年烏達布復敗徹格爾蕭伊蘇於祥州東斡琿等兩路降又廢威州在賓州南遼置亦曰武寧軍屬黃龍府契

丹國志宋政和五年金太祖攻遼取祥威二州進薄益州　按鴨綠江一名益州江則益州實與鴨綠江近當在　長白山西南但遼史不言仍渤海之舊今故阯無考

琿春

東海窩集部在琿春城東南凡沿海林木叢茂處皆爲窩集明時有瑚葉綏芬雅蘭西林赫錫赫鄂摩和索囉佛訥赫那木都魯烏勒固宸穆稜札庫塔東額赫庫稜札諸部我

太祖於丁未歲至甲寅歲俱克取其部撫降之

吉林外記卷九終

吉林外記卷十

雙城堡

伯都訥屯田

雙城堡

嘉慶十七年四月初二日奉

旨八旗生齒日繁京城各佐領下戶口日增生計拮据雖經添設養育兵額而養贍仍未能周普朕宵旰籌思無時或釋前日舉行大閱典禮各旗營隊伍整齊在南苑先期訓練祗遵約束朕嘉旗人服習教令更念養先於教爲之謀衣食者益不可不周國家經費有常舊設甲額

現已無可復增各旗閑散人等爲額缺所限不獲挑食名糧其中年輕可造之材或閒居坐廢甚或血氣方剛游蕩滋事尤爲可惜因思東三省原係國家根本之地而吉林土膏沃衍地廣人稀聞近來柳條邊外採參山場日漸移遠其閒空曠之地不下千有餘里悉屬膏腴之壤內地流民並有私勤耕植者從前乾隆年閒我

皇考高宗純皇帝軫念八旗人衆分撥拉林地方給與田畝俾資墾種迄今該旗人等甚享其利今若仰循

成憲斟酌辦理將在京閑散旗人陸續咨送前往吉林以閑曠地畝撥給管業或自行耕種或招佃取租均足以

資養贍將來地利日興家計日裕旗人等在彼儘可練
習騎射其材藝優嫻者仍可補挑京中差使於教養之
道實爲兩得著傳諭賽沖阿松窗即查明吉林地方自
柳條邊外至採參山場其閒道理共有若干可將參場
界址移近若干里自此以外所有閒曠之地悉數開墾
計可分贍旗人若干戶並相度地勢如何酌蓋土壁草
房俾藉棲止其應用牛具籽種每戶約需若干再該處
現有閑散官員是否足資統束抑或須增設佐領驍騎
校之處一併詳細妥議章程並繪圖貼說具奏候朕酌
度等因欽此將軍賽沖阿松窗勘得拉林東北閑荒可

墾五千餘晌東南夾信溝可墾二萬餘晌近年吉林收
成不豐請俟三五年後從容籌辦等因具奏奉
旨該處收成不豐此時原不能即將旗人移駐其一切墾荒
計畝章程則須預爲籌辦不必推延時日著即檢查舊
案詳細酌核先行籌議具奏欽此將軍賽沖阿未及查
辦奉
旨調任將軍富俊蒞任後檢查舊案悉心妥議移駐京旗蘇
拉通盤核算先於吉林所屬無業閑散旗人内令各旗
共揀丁一千名出結保送作爲屯丁每丁由備用項下
給銀二十五兩官爲置買牛具自行搭蓋窩棚由阿勒

楚喀公倉內賞給籽種穀二石每年給補倒斃牛價銀
一千三百三十六兩於前勘定拉林東南夾信溝地方
每丁撥給荒地三十晌墾種二十晌留荒十晌試種三
年後自第四年起每晌交穀糧一石貯倉移駐京旗蘇
拉時分給京旗熟地十五晌荒五晌所餘熟地五晌荒
五晌即給原墾之屯丁作爲恆產免其交糧亦不補給
倒斃牛價將來移駐京旗到時得種熟地與本處旗丁
犬牙相錯易於學習耕種所有屯田章程並屯丁用款
繕單呈
覽奏

旨所議試墾按年徵租及派撥官兵約束一切章程著照所
議辦理欽此遵即劄飭各員置辦一切農器將軍富俊
帶同委員前往詳查原勘夾信溝之荒地雖沃衍大勢
窪下詢係前勘時秋深草茂未能辦辨別試墾創始必
須詳慎隨往阿勒楚喀拉林西北八十里之雙城子一
東西約有一百三十餘里南北約有七十里地土平坦
詢屬沃衍可備移駐京旗閑散二三千戶之用即在適
中之地駐劄派令各員週圍履丈分撥通計四丁四牛
之數核算成屯每旗設立五屯鑲黃正黃二旗每旗住
屯丁一百二十八戶計住二十四戶者三屯住二十八

戸二屯其正白正紅鑲白鑲紅正藍鑲藍六旗住二十四戸者四屯住二十八戸者一屯其屯丁一千名每戸房基東西寬二十丈南北長二十丈屯丁寬用九丈留十一丈以備將來移駐京旗蓋房之用每屯房分三路街一道寬五丈巷一條寬三丈除房基街巷外每屯丁核給荒三十大晌按屯附近分撥八旗四十屯適中街內建蓋公所及協領左右翼官兵住房仍在公所附近留建倉地基計共用見方三十四丈相度水道刨挖井眼並派員前往邊外採買耕牛本年備齊分給屯丁先爲運木割草搭蓋窩棚即以雙城子名爲雙城堡咨報

禮部鑄給委協領關防左右兩翼委佐領鈐記二十一年春委協領等督催開墾是年雙城堡一帶於七月十四五日連降大霜將軍富俊親詣查勘收成止有四分實係成災所得穀糧儘敷糊當年糊口次年春尚須接濟

奏墾將二十四年起徵之糧遞緩一年在於阿勒楚喀倉貯穀內借給口糧籽種二千石責令秋收照數還倉以資接濟原議四人一具窩棚一間四人同住不能接取家眷應每人各給一間屯丁千名除前已給二百五十間仍須添益七百五十間每間銀四兩共用銀三千兩

即於庫貯備用銀內動支仍以計種十年糶穀價銀歸
款奏蒙
允准即咨行阿勒楚喀副都統衙門並劄飭雙城堡委協領
遲照領取蓋房銀兩派員帶同屯丁赴拉林東山砍伐
木植春融搭蓋窩棚屯丁各便於棲止並令於耕作之
前赴阿勒楚喀拉取接濟口糧籽種將軍富俊於二十
二年二月奉
旨調任盛京
奏八旗數十萬眾聚積京師不農不賈皆束手待養於官
勢所不能再四籌畫惟有移駐屯田因天地自然之利

使自耕種爲養方資久遠之計因查雙城堡尚有荒地二分未墾擬於

盛京吉林八旗無論滿蒙漢軍各項旗人內挑丁二千名置買牛條器具刨挖井眼搭蓋窩棚於二十五年春正前往墾種名爲雙城堡左屯右屯將前墾處所名爲中屯其一丁一牛竭力耕作一年止能種地十晌必須丁力稍裕加雇牛條長工方能開足二十晌中屯所墾之地請於二十五年先徵十晌糧石其餘十晌再緩二年至二十七年升科以裕丁力新墾之地二十八年陞科先徵十晌糧石其餘十晌請於三十年一律陞科除建

葢官兵房間外其餘一切均照初次設立章程畫一辦理共屯丁二千名每搭葢窩棚一間應用牛隻器具等物合銀三十兩共需銀六萬兩屯田官兵住房辦事公所共計房三百二十間應需銀一萬一千二百兩每年支給補買倒斃牛價銀二千六百七十二兩外發給一年籽種倉穀四千石以上統計需銀七萬三千八百七十二兩卽在吉林庫存備用銀內動支若俟糶穀之價歸款需時較久請在吉林及奉省參餘項下先行陸續歸款至移駐京旗不必盡待糶穀價銀辦理二十八年起每年移駐二百戶爲一起每戶用葢房銀一百二十

兩由京起程
賞給治裝盤費銀三十兩雙城堡置買牛糧器具銀五十兩每起共用銀四萬兩除治裝盤費銀六千兩其餘銀三萬四千兩暫由吉林備用銀內動支由雙城堡糶穀價銀吉林奉省參餘銀內歸款每戶給車一輛由順天府僱送至奉省照數備辦轉送至雙城堡車價均照例報銷計十五年即能陸續移駐三千戶該蘇拉等各得田產安居樂業內可分八旗戶口之繁外可聯邊城犄固之勢擬給官兵心紅隨缺荒地數目及每戶應給房地牛條器具分別開單呈

覽奏
旨著交松筠詳查妥議具奏俟定議後再行會同富俊辦理
將軍松筠議奏每丁添給砍木衣履搬家遷費車輛並
按年給與種地接濟銀兩奏
旨富俊現已調任吉林將軍著將松筠所議章程再交富俊
覆加核擬松筠所定銀數是否豐儉合宜屯丁得此是
否即可養贍家口盡心開墾務期
國帑可心按限歸補不致多糜而於旗民生計亦實有裨
益方爲經久良策將軍富俊遵
旨細心詳核將軍松筠所議添給砍木盤費衣履並遷費銀

兩前未籌及似應增添奉天金州復州等處至吉林雙城堡將及二千里窮丁自力前往誠有不逮每丁擬給還費銀八兩其吉林各處至雙城堡不過二三百里亦擬給銀八兩未免遠近漫無區別吉林屯丁每名應給銀四兩又請添給每丁車一輛查莊農人家多係一車二牛服駕一具四牛前已給車二輛足敷使用似可無用再行添給至升科既請照旱地第六年征租該屯丁等已有花利不必撥年給與種地開荒接濟銀兩以重經項而昭核實以上每丁合計需銀四十七兩零四分五釐其奉省撥派官四員遠赴雙城堡每員請給還費銀

十二兩領催兵四十名每名遷費銀八兩吉林撥派官四員領催兵四十名應照奉省減半給與前設中屯屯丁現多未攜眷請給遷費四兩其餘無庸增減建蓋新添二分屯田官兵住房辦事公所共三百二十間應需銀一萬一千二百兩買補屯田兩分倒斃牛價預買之年二千頭內即開有倒斃請於開墾之年支給以十年合計需銀二萬六千七百二十兩連前開中屯荒地屯丁遷費一分共需銀四萬六千三百六十兩統共三分荒地以十年合計共需銀十七萬八千九百二十六兩三分荒地自升科徵租起算每年得穀六萬石每石照

奏定原價減銀一錢以四錢爲准出糶計至十年可得穀
價銀二十四萬兩較前動支數目有盈無絀至現動銀
兩
解項攸關不可久懸請於吉林參餘項下按年抽收先行
歸補計十年所得穀價另存備用至開墾徵租年分委
協領佐領等改補陞任裁撥兩省官兵增給鹽菜心紅
砍木蔘房等事均請照松筠所擬及富俊前議章程辦
理應用各款銀數繕單呈
覽奉
硃批戶部議奏經戶部議准具奏奉

旨依議欽此於二十四年二月十六日接到卽派員先赴雙
城堡分丈左右二屯地基並咨
盛京將軍將應撥派雙城堡左右二屯閑散千名並彈壓
佐領二員驍騎校二員領催甲兵四十名內均照奏定
章程先酌派佐領驍騎校各一員領催二名甲兵十五
名帶領閑散五百名於四月內由奉省起程五月初一
日以內至雙城堡飭令搭蓋窩棚安置棲止以備次年
墾種其應給還費銀兩咨行
盛京戶部就近在該處發給並咨禮部鑄給雙城堡改爲
實任協領關防中左右三屯六翼佐領圖記開寫官兵

住房辦事公所房間式樣派員發給銀兩購料趕緊修
葢以備官兵到時棲止又發交理事同知銀兩照章定
款單置買一切器具驗交運交雙城堡協佐領等查收
以便屯丁到屯發給派員前往黑龍江採買耕牛二千
頭限於九月內趕赴雙城堡收養以備次年春融耕墾
將軍富俊隨於九月間攜印親詣查勘督催查驗葢完
官兵房間屯丁窩棚收買牛隻分給各丁並發給每丁
棉衣棉褲宣諭
皇恩深渥俾衆丁咸知勤勉力田查有原任署承德縣甯海
縣知縣賓心傳山西人年五十二歲係嘉慶辛酉科進

士由庶吉士散館改用知縣選授江西新淦縣知縣調
繁豐城縣丁憂起服揀發奉省題補寧海縣知縣奏署
承德縣二十三年
皇差承修道段泥濘被參革職該員有才有守請照直隸廢
員辦理營田之例令竇心傳赴吉林雙城堡勸課屯丁
三年期滿照例送部引
見於二十四年八月初一日具奏奉
旨准其照直隸營田之例以已革知縣竇心傳飭赴吉林勸
課屯丁三年著有成效奏明送部引見等因欽此遵即
調取竇心傳到吉委令勸課屯丁籌議一切屯務於二

十五年春融新立左右二屯所撥
盛京吉林旗丁二千名均已到屯派員前往同該翼佐領
等按名分交地一段三十晌並令於開墾時計地二段
横直俱留六尺荒隔一條以備開齊地畝秋收拉運不
稼毋得任其連段開墾日後致起爭競繪圖飭令該管
協領佐領等分交各丁遵照隨據雙城堡協領等呈報
惟盜古搭撥來閑散往往潛逃詢因盜古搭地方山深
林密該閑散等多藉打獵爲生彼處地一肥美不願輕
離鄉土亦係實情隨將盜古搭閑散全數撤回咨明
盛京將軍於奉省願來屯種閑散內多挑二百名送屯將

軍富俊巡查各城完竣由拉林赴雙城堡按旗查勘該旗丁等比屋環居安土樂業合具者多係一族同屯者半屬姻親犬牙錯壤鱗次分疆頗有井田遺風男畊婦饁俱極勤勞將軍富俊皆酌加獎犒迴環周歷千數百里分撥地段繪圖呈

覽奉

硃批滿洲故里佃佃宅宅洵善事也欽此又查前議未備籌

議

奏准三屯屯丁三千戸眷口繁庶在參餘項下動用銀一千八百兩每屯增添井一眼以裕食用協領處添設無

品級筆帖式二員委官二員三屯佐領每處添設無品
級筆帖式各一員委官各一員以資辦公差委由領催
甲兵内挑補仍食本身錢糧筆帖式照例支給米石管
理一旗五屯總屯達
賞戴金頂以資彈壓每人月給工食銀一兩遇閏加增亦
於參餘項下動支報銷協領處准其支領銀三百兩存
貯公所以備兵丁遇有婚喪事件照例就近給領仍領
隨時呈報查核年終造送冊結彙題以杜挪用侵蝕之
弊每年除去用項仍補三百兩之數奏奉
諭旨富俊於開墾屯田一事銳意辦理著有成效部議給予

紀錄二此尙不足以示優獎著賞加一級欽此將軍富俊屢飭雙城堡協領佐領督催開荒種熟原任知縣實心傳挨屯確查勸課左右二屯新撥屯丁均各安靜樂業惟中屯屯丁內間有未搬移家眷及攜帶農器脫逃者查明無眷者催令該旗派兵送屯俾令完聚脫逃者令該旗佐領挑補有眷旗丁送屯嘉慶十九年初奏設立諸多從簡每丁合銀二十五兩四丁窩棚一間復奏蒙

恩賞給每丁窩棚一間還費銀四兩器具內如缸鍋鍬钁等項均須四八一分現各接取眷屬勢不敷用連年豐收

糶買穀賤無力添補查有歸補屯田項下參餘銀二萬
四千餘兩請以二萬兩分交殷實鋪商每月一分生息
酌量添補中屯屯丁器具五年歸還原款每年用項取
具興城堡協佐領等冊結印領送部核銷以歸核實具
奏奉
旨依議欽此遵查參餘銀除動用外賸銀不足二萬兩於二
十五年八月二十日分交殷實鋪商銀一萬五千兩於
次年二月二十日續行分交殷實鋪商銀五千兩其銀
二萬兩每月一分生息所得利銀酌添中屯屯丁農器
之處咨報戶部人少不能多種牛少不能多開地畝三

屯屯丁雖皆攜帶家眷弟男子姪在屯幫作均無力添買牛條仍不能多開地畝籌議於節省備存銀內動用銀一千一百三十七兩六錢咨令伯都訥副都統派員採買乳牛二百四十條分給三屯種地多有幫丁之屯丁喂使俾資利耕以裕孳生小牛酌賞種地多之屯丁中屯於嘉慶二十一年設立除因霜災展緩一年應於道光二年起徵租左右二屯嘉慶二十五年添設應於道光五年起徵租三屯旗丁三千名每名穀二十倉石每年共徵租六萬石來春出糶自道光四年起每年移駐二百戶每戶除由京

賞給治裝盤費銀三十兩外其蓋房一百二十兩置買牛
條器具銀五十兩暫由吉林備用銀兩項下動支以抽
收參餘及糶穀價銀陸續歸款不致虛糜
祭項道光二年砍木備料三年修蓋二百戶住房八百間
四年正月移送閑散二百戶每戶閑散應給房地牛條
器具及添設官兵建蓋公所一切章程繕單具奏奉
旨富俊奏自道光四年爲始每年移駐京旗二百戶分爲四
起送屯該處預道光二年伐木築室按戶給與房間地
畝牛具盤費等項逮及纖悉並移駐後添設官兵蓋房
給地及該官兵升調挑補各事宜其計畫甚爲周備均

著照所議辦理其摺單著發交八旗滿洲蒙古都統副都統等各曉諭所屬旗人使知遷移之樂願移駐者各報明本旗屆期咨送授產力田以厚生計不得以桀驁不馴之人充數致擾淳風各該旗仍將報名之戶咨報戶部每屆年終先行具奏一次欽此安設左右二屯旗丁二千戶分立章程屯丁俱各安業所有砍木相度地勢蓋房招募商人就近立窰燒造磚瓦及赴屯開鋪造辦器具省運費種種一切均須籌議調度尚賴實心傳經理懇

恩將實心傳知縣原銜開復以示鼓勵俾有頂戴辦理一切

較爲得力俟道光四年移駐京旗安妥後送部引

見等因於道光元年正月十一日具奏奉

旨允准原擬給雙城堡官兵隨缺地畝俾資當差但地因隨

缺該官兵等無力開墾亦難强使必行至今空有隨缺

之名不得地畝之益乾隆十三年大學士公訥欽等議

覆

盛京將軍達爾當阿奏隨缺地畝章程每地十晌給牛一

犋估銀九兩置買犁鏵等項估銀一兩共用銀七萬餘

兩在生息銀兩利銀内加展扣還在案所有三屯隨缺

地畝協領一員八十晌佐領六員每員五十晌驍騎校

六員每員三十晌領催十六名甲兵一百二十名每名
二十晌以上本地官兵一分共三千二百八十晌加京
旗官兵一分共六千五百六十晌援照
盛京章程每地十晌賞給牛犁等項銀十兩共需銀六千
五百六十兩暫在抵補費用參餘項下先行動支在於
前次
奏准添補中屯農器動用參餘銀二萬兩加展生息三年
所得利銀內歸款不動
豁項並援照移駐阿勒楚喀拉林蘇拉滿洲成案每年應
派砍伐蓋房木料兵二百名撥各城差務繁簡兵數多

實核計每年阿勒楚喀拉林派兵一百名輪派吉林兵
四十名伯都訥兵四十名烏拉兵二十名以足二百名
之數至道光二年冬季派甯古塔兵五十名三姓兵五
十名均與阿勒楚喀拉林二處官兵會同核計木數砍
伐運交按年以次輪派照數發給鹽菜銀兩各城出派
砍木官四員每年每員請
賞給鹽菜銀十二兩具
奏奉
旨允准移撥兵丁雖有隨缺地畝乃係隨缺交代若遇老病
事故革退便無容身餬口之處將雙城堡北而閒荒東

西展長一百二十七里南北展寬五里挖立大封堆一
百二十七個分定荒界以備日後革退兵丁作爲恆產
具奏
恩准道光二年八月十五日奉
旨松筠奏查明雙城堡中屯地畝已經墾種之地共六千五
百餘晌應照六年升科之例令其納糧惟此項地畝内
有因屯丁殘廢病故脫逃另補以致已開復荒續挑之
丁到屯未滿六年自未便令其一體完納著該將軍詳
細確查其實屆六年者即著於本年秋收後按晌納糧
餘著暫行展緩至修葢京旗住房不應預備過多致有

閑荒損壞著撥現願移駐京旗戶數修蓋住房此外均著緩辦將來京旗續有咨報由戶部知照該將軍再行興工不致遲悞松秝接奉此旨即移知富俊遵照辦理欽此遵即停工詳核共實動用銀一萬六千二百六十二兩零未動用銀二萬零八十二兩七錢七分二釐二毫飭令委員等交庫歸款前因中屯屯丁屢經脫逃更補新丁甫經到屯口糧不接於籌畫屯田節省項下動用修建義倉九間買穀二千石陸續支借接濟現僅賸存穀五百餘市石遇青黃不接之時不敷三屯接濟而左右二屯拉運還交亦屬窵遠又籌畫左右二屯每屯

添建義倉九間置買市石穀三千石中屯義倉連前舊存穀共存市石穀一千五百石左右二屯共存市石穀一千石俾資接濟所有設立雙城堡三屯屯立共三千名所給窩棚牛條器具及修葺公所倉廒倒斃牛價並修京旗住房置買器具等項原奏内均係按照物價扣合銀數嗣因市價長落不時飭令承辦各員籌畫妥實委員砍伐房木尺寸不敷之小木估變價值前後節省銀錢除陸續接濟中屯屯丁冬日入山砍伐房木買給皮襖三屯窮丁踰冬製給棉衣褲氊地添給鐵耗齒殘廢病故各丁添給遷賷器具中屯公所添葺檔房添挖

井眼修建牌坊三屯修建義倉堆撥房置買穀石並孳生乳牛共動用銀一千一百三十七兩六錢制錢一萬三千四百三十串外其剩存銀四千一百五十兩制錢一萬二千八十七串三屯義倉現存穀八千七百五十倉石三屯屯丁分收孳生乳牛二百四十七隻小牛八十八隻此項錢糧剩存數目每月戶司立稿將軍副都統公同畫存孳生牛隻每屯分牧二隻每年孳生小牛除補足二百四十隻倒斃額數外即可賞給種地最多之丁以示鼓勵惟銀錢一項於奏准開銷之外屯丁每有不時之需日用日少擬交吉林理事同知發給殷實

鋪商每月一分生息以後儘此利息接濟屯丁毋許動用原本以上三項每任列入交代具奏一次原係籌節之項毋庸報部以歸簡易將軍富俊補授理藩院尚書臨行具奏奉
旨交新任將軍松筠查明實存數目遵照妥辦務期錢糧不致短絀屯丁永資接濟欽此將軍松筠到任後以知縣銜寶心傳辦理屯田事宜勸課屯丁認眞出力已滿三年別無經手事件奏請送部引
見奉
旨寶心傳准其送部引見該部知道欽此將軍松筠籌議由

撙節生息項下奏准中屯屯丁窩棚已經八年均已歪
閃每年給修費銀三兩三屯義倉各添買黑豆五百石
按年春借秋還以資接濟畊牛之用並建蓋京旗住房
擬於距屯附近閑荒内建蓋屯丁京旗各不相擾俾日
後八丁蕃衍免生嫌隙飭令屯丁補修房間並採買黑
豆至九月將軍松箖病故奏
旨簡放原任大學士松筠到任查勘三屯情形奏懇移駐閑
散宗室緣宗室有月餉地方銀錢漸裕商賈自通布疋
等項物價漸自低減地方饒裕而京旗聞風知爲樂土
再行移駐等因具奏奉

旨交軍機大臣宗人府王公議覆未准行四年各該旗咨報
移駐京旗五十四户卽照原奏給京旗器具等物預備
妥協先蓋房四十所不敷棲止將已修官兵房十九所
內先令居住並查前備料物趕緊修蓋房十四所以便
棲止續將軍富俊奉
旨赴調任吉林於道光四年四月到任赴雙城堡奏京旗閑
散素未習耕初到必藉屯丁照拂指領易於學習且在
在地方均係旗民雜處未見生有嫌隙今屯丁與京旗
均係旗人同處更無嫌隙相擾應請仍照原奏在原丈
地基建蓋京旗住房奉

旨如所議行將軍富俊又籌議奏請
敕下各旗將原雙城堡閑散務於十月内報齊戸部具奏十
一月初卽行知順天府尹直隸總督
盛京吉林將軍凡有應辦事件地方皆得從容料理定於
次年正月初五日以後初十日以前立爲準期凡經過
地方皆於未奉咨行以前已得預知其事可以計程籌
備庶辦理不致緩急失序先後參差嗣後由戸部應發
給每戸治裝銀三十兩俟抵吉林後由備用銀兩項下
發給作爲雇覓工價之用各戸得以全獲其地利庶可
以日冀充裕其荒地五晌各有自雇長工亦可隨時開

種至彈壓護送之大臣由京
簡派必須乘郵而來年年往返動勞馹站皆關經費嗣後由
東三省年班入
覲回任之將軍副都統內
簡派二三員順帶彈壓前來伊等係回任之便無須用馹供
給各有隨帶官員足敷照料仍令各該地方官隨同護
送出境則途次仍是大臣彈壓可免動馹並可節省官
力至京旗所需車輛此次係四五套大車所領例價不
敷撥站爲之津貼關內州縣不過支應一二站奉省地
方官卽有接連數站者吉林竟有應辦十餘站者久必

藉詞賠累虧空且車輛直抵雙城堡該處非商集處所無貨可載空回小民不無艱窘凡此似應通盤籌畫務使旗民無虧地方無累方可經久查該閑散等每戶大小不過數口行李無多春初地未融化道路易行嗣後移駐京旗二三口之戶給予蓆棚二套車一輛三四口之戶給予三套車一輛由京送至山海關由關送至錦州由錦州送至奉省由奉省送至吉林由吉林送至雙城堡分段遞送相距皆不過數百里車可祇予例價無庸津貼換車地方俱係商賈輻輳處所車戶旋時可以載貨不致空回賠累庶官民均有裨益再本年修葢京

旗住房一百所其工價係奏定每閒用銀三十兩本係撙節估計春夏道路泥濘運脚倍增糜費實有支絀情形所有明年應行修葺住房百所今冬備料即於本年領銀預辦料物可以節省運費少抒工力其六年應葺房木亦於今冬派員發給鹽菜銀兩往砍以備明年河運預爲晒晾俟用又京旗沿途飯食此次係官爲預備豐嗇未定成規以後願來者衆多地方官旣難免不可賠累藉口京旗等亦難免保必不借端滋事自應立定章程使旗民地方彼此有所遵循嗣後京旗每日早尖各該地方委員每人給制錢五十文晚閒住宿即喫店

飲飯京旗飯食住宿仍爲得所定有章程而地方官照
辦亦覺易於從事再一路村落店口無多如百戶前來
每站可分二起前後行走不至擁擠店飯備辦亦易等
因具奏奉
旨著照所奏辦理該部旗知道欽此又原奏每兵
賞給鹽菜銀八兩砍辦一所房木柁檁椽柱二百一十三
件內有長二丈二尺五寸大柁又有鉅板之檄木以及
串排挽運上岸勢不能一人砍辦必須雇募民人幫做
人兩鹽菜實不敷用歷年均係各城津貼名爲以兵幫
兵實扣兵餉有干例禁籌議每兵再加

賞鹽菜銀四兩每年如砍二百所房木加銀八百兩不動正項請於吉林義倉糶穀價銀內動用銀一萬兩交商一分生息每年可得利銀一二百兩給加添破木鹽菜銀八百兩仍剩銀四百兩歸還原款如此砍木即可從容辦理無詞推卸並不致再扣兵餉應請立勸懲章程砍木委員知懼可期不誤修蓋京旗房間砍木委員果於年前照以尺丈數目砍伐齊全次年八月內交足咨部請給紀錄二次或雖運到而尺寸不敷除將細小木植入官罰其照數補砍趕運交納功過相抵如當年不能交納遲至次年方交者罰俸一年如次年仍不全交

者請降二級留任仍罰俸一年以示懲儆奉
旨允准道光四年三月二十五日奉
旨容照等所奏每旗屯適中之地建蓋義學及嚴禁該屯丁
冬令過江樵採俱著富俊妥議具奏欽此吉林奉省官
兵閑散移駐未久京駐閑散初到幼丁無多暫於中左
右三屯公所各建義學三間其該管官亦易於稽查除
中屯前已由邊荒官租錢內動用修蓋義學三間其左
右二屯應建義學各三間亦由地租錢內撥給錢四百
吊以資修建於甲兵屯丁閑散內擇其通曉清漢文者
作爲教習自明年起遞年撥給三屯束脩膏火等項錢

各二百吊並責成該協佐領等嚴查課讀不致日久廢弛至雙城堡西北一帶松花江北爲蒙古郭爾羅斯地方可覓木柴古屯左翼四旗去江岸三二十里該屯冬令樵採難保不無滋生事端自應嚴行禁止以杜流弊如有私行過江樵採者卽照私出邊例治罪具奏奉
旨允准遵飭該屯協領等動用官租錢項修葺義學選擇教習於次年正月開印後開館課讀中屯兩翼移駐京旗閑散五十四戶每翼四旗擬於京旗閑散內各放總屯達一名副屯達一名以資約束查報滋生戶口遇事赴公所呈報仍照以前奏准三屯設立總屯達之例

賞戴金頂每名用給工食銀一兩遇閏增給由參餘項下
動支報銷副屯達不給工食等因具奏奉
旨依議將軍富俊於八月二十二日攜印親詣雙城堡挨屯
查勘始到京旗秋收穫度日光景家家糧草堆積足敷
用度並查原奏中左右三屯屯丁三千名每丁給地三
十晌五年後徵租二十倉石中屯於道光二年起徵左
右二屯於五年起徵道光二年六月原任將軍松筠遵
旨赴任黑龍江之便奏請雙城堡地畝屯丁種地實屆六年
照現種晌數按晌納糧以紓丁力等因奏准道光二十
三年僅徵收中屯兩翼屯丁等交納倉石穀七千七百

三十餘石本年按丁種地實屬數核計已滿五年應徵糧四千七百餘石其左右二屯明年已屆六年交糧之期若仍照原任將軍松箖調劑章程納糧是勤苦者多納懶惰者少輸未免苦樂不均似未平允該丁等竟有多種少報地數者而遞年核數加增徵糧實屬繁冗亦難稽核現在屯丁種地七八晌至二十餘晌三十晌不等連年豐收一晌地至少打糧四五市石交官一倉石合市石只用四斗已有餘資應籌議酌量丁力請於明年起除交京旗地畝之丁不納糧外將中左右三屯屯丁無論現種地畝多寡五六兩每年每丁納倉石穀十

石合二萬八千餘石至七年按照原擬章程每丁各納倉石穀二十石以符原議而昭核實等因道光四年十月初五日奏奉

旨允准道光五年二月

欽差黑龍江將軍祿成寧古塔副都統和福彈壓帶來京旗閑散七十四戶詢明有與上年移駐京旗係親誼者使之共居一屯歡聚照應每戶由阿勒楚喀拉林閑散內先已雇給長工二名預爲燒炕擔水京旗一到如歸將地畝牛條口糧器具俱照數按戶交領查每年砍運木植按屯建蓋京旗房間以及戶婚田土詞訟案件一切

公事較前倍增文移絡繹原設兵丁無多步送公文實
形竭蹶請添設一站第應設馬牛草豆銀兩
國家經費有常未便加增籌議於吉林所屬西北兩路三
十八站內通融撙徹官馬十匹牛十頭連倒斃草豆銀
兩一併撥給仍歸北路站監督管理並據該監督呈報
週近各站窮丁內情願移駐雙城堡者七戶照各站設
筆帖式一員即於雙城堡協領處辦事貼寫內挑補僅
給俸米仍食原餉由北路站外即內揀放委領催一名
外即一名五年後遇各站領催缺出拔補站設於雙城
堡南門外以便牧養於閒荒內每站丁撥給地二十晌

以資養贍所有站房及站丁每戶房三間以及棚槽鞍
轡器具打井等項籌款捐辦不動公項
奏奉
諭旨所辦好依議速行遵卽照辦郵政行而兵力息籌計無
所不到矣移駐京旗隻身閑散內不必拘有妻室只有
父母子女或有伯叔兄弟及伯叔嬸母願同來者二三
人以上均准算戶照原定章程應得各項全分給與自
必踴躍願來奉
旨富俊等奏雙城堡移駐京旗章程請於隻身閑散內量爲
變通一摺前據戶部奏移駐京旗章程隻身不准算戶

前往與調劑窮苦旗人本意未協請將隻身閑散或父子兄弟均係隻身俱統作一戶分别給與房間器具等項通融辦理當交富俊覆議茲據奏隻身閑散一人到屯既恐舉目無親易致遊蕩且每戶應得房間牛具等件亦難減半分給諸多窒礙惟隻身閑散有父母子女或伯叔兄弟伯叔父母同往者二三人以上作爲一戶尚屬可行著照所請嗣後京旗隻身閑散內不必拘定有妻室但有父母子女或伯叔兄弟伯叔父母願一同移駐者二三人以上均准算戶照原定章程給與全分地畝房間牛條器具等項其治裝銀兩仍由吉林給發

以資耕種之用欽此又奏准修葺京旗住房派協領二員分左右翼監修派佐領防禦八員承修一旗五屯如照定式做法於八月內修竣者給予紀錄二次如泥工完竣木工於九月內完者功過相抵如修不合式或院牆未築未鎮牆頂者罰俸一年如至九月底仍修不竣者降一級留任仍罰俸一年如有偷工減料者嚴參治罪兩翼協領督修於八月內修竣三旗者給予紀錄二次如至九月尚有不齊全者罰俸一年嚴定勸懲章程委員等依限興修不致有悮戶部覆議道光六年願往移駐京旗共一百八十九戶內因該處蓋成房屋不敷

居住按冊開出戶止二口現食錢糧之四十一戶歸入
七年移駐外至京旗閑散咸知雙城堡安居樂業願往
者日漸增多若每年限定二百戶移駐必致有裁撤阻
其踴躍之忱著該將軍多派幹練員弁將房間一切廣
爲籌備勿致臨時周章貽悞本年應添佐領驍騎校等
官原議三千戶共設佐領六員驍騎校六員協領一員
此時移駐不至十分之一暫毋庸添佐領著先設驍騎
校二員即於三次移駐京旗內該將軍秉公挑選充補
俟移駐足五百戶後添設佐領一員即由此次挑補之
驍騎內揀選奏請陞補所遺驍騎校員缺再由移駐內

閑散挑補未設立佐領以前驍騎校仍令三屯佐領兼轄將來移駐足三千戶時再由該將軍於佐領六員內揀選奏請升補協領一員俾移駐京旗人等咸知上進有階更爲踴躍所需俸餉仍照該將軍原議在吉林備用銀內動支其應添領催二名亦著該將軍於移駐閑散內挑選充補嗣後移駐京旗皆常年辦理之事不必再令年班來京之將軍副都統管帶前往每年移駐屆期著直隸總督於文職道府武職副將參將內每起各遴派一員輪流沿途護送彈壓照料出關以後著
盛京將軍奉天府尹錦州副都統遴派文武員弁接管前

進所有應給住房車輛及飯食錢文悉照原議章程隨
時給發遵即分飭照辦道光六年正月初二日奉
旨富俊籌辦雙城堡移駐屯田事宜妥協周詳現在移駐各
戶安居樂業京旗八等聞信願往者日益增多該將軍
經理其事不避嫌怨盡心宣力著有成效深堪嘉尚富
俊著加恩晉加太子太保宮銜以示朕優獎藎臣至意
欽此將軍富俊謝
恩奏稱設立雙城堡移駐京旗均仰賴
聖主不惜帑項辦理有成富俊蒞任此地與京旗閒散誼關
骨肉桑梓伊等度日一切用度籌議妥備係分內之事

毫無功效乃荷
聖恩賞加太子太保宫銜不勝感戴
天恩等因具奏在案二月移駐京旗閑散到吉派員護送至
屯安置妥畢將軍富俊隨於四月初一日攜印赴雙城
堡挨屯面諭京旗各戶咸知感戴
皇恩勤力耕作麥苗出土寸餘禾稼耕種方完視爲樂土隨
有鑲黃等八旗閑散富珠隆阿等四十二名呈稱仰蒙
聖恩賞給房屋牛條器具周全地土肥美足可成家立業懇
請行知本旗令伊等父子兄弟戚誼明年即來團聚共
享樂土等情伏地跪懇除咨行各該旗查辦外復至中

屯公所傳集三次移駐京旗閒散面試清漢文字馬步騎射兼公選驗有本年移來告退刑部司獄伯勒克圖五年移來馬甲現充委官德明安均能騎射識滿漢文補放驍騎校披甲倭克金佈領催舒成弓馬嫻熟亦識滿漢字挑補領催靑成分管左右兩翼仍歸該屯協領佐領等兼轄同日附片奏懇京旗陸續移來二百七十戶分撥中屯兩翼四十屯居住計一總屯達經管二十屯道路紆遠勢難兼顧雖有副屯達並無頂戴工食徒有差使毫無鼓勵遇事每多退縮不前請照原設中左右三屯每旗五屯放總屯達一名副屯達一名之例由

京旗閑散內再添總屯達六名副屯達六名連前共各
八名分管八旗其總屯達請
賞戴金頂每名月給工食銀一兩計添六名每年共應添
工食銀七十二兩遇閏加增仍由參餘項下動支年終
報銷其副屯達亦請
賞戴虛銜金頂不給工食與總屯達一體稽查戶口呈報
事件移來京旗閑散多係赤貧且不諳耕種初到此地
基業未立不免拮据請援照拉林阿勒楚喀閑散滿洲
之例每年十二月內每名
賞錢十二吊以爲粘補農器衣服之用每名只給五年以

後各習慣種地毋庸再給嗣後陸續裁減此內鰥寡孤
獨尤爲堪憫亦請照拉林阿勒楚喀閑散滿洲每名月
給銀五錢之例按名每月給錢一吊二百此項賞錢請
由吉林稅銀項下動用銀三萬兩連前奏准粘補三屯
屯丁農器交商生息參餘銀二萬兩共五萬兩交吉林
同知擇殷實鋪商一分生息計每年應得利銀六千兩
足敷應用再商民納利惟恐平頭銀色不便請按市價
交錢具奏奉
旨允准遵即發給同知銀兩交商生息得利備賞京旗閑散
以資接濟後接准戸部知照道光七年願來京旗戸數

即派文武員弁於二月初旬赴威遠堡界接到京旗八十五戶詢明凡係父兄子弟親誼安置一屯以便互相照料耕作隨將伊等應得房地牛條一切器具數目刷印執照各給一紙到屯照數檢收發給三屯六八力弓各三張交協領佐領按季操演不廢騎射兵農並重度土開荒至此而經營大備矣

伯都訥屯田

道光四年十一月十三日將軍富俊遵

旨籌議復奏開墾伯都訥空閒圍場既無林木又無牲畜約計地二十餘萬晌天地自然之利可資旗人萬年生計

查吉林伯都訥阿勒楚喀等處現有納丁納糧民八萬九千四百餘戶此等民戶安居已久生齒日繁地不敷種亦冀認荒開墾當必爭先恐後所有認墾荒地牛具籽種農器均係自備每人准領地三十大晌四人聯名互保第六年升科每晌地徵制錢三百文小租錢三十文俟移駐京旗閑散到日交京旗地二十晌其餘十晌作爲己產仍按數納租現當認墾之始曠野之地應預鑿井蓋房請照雙城堡章程每丁

賞給蓋窩棚銀四兩三十戶爲一屯每屯打井二眼每井給銀十八兩聽其自行打井建蓋窩棚計每丁共合用

銀五兩二錢在雙城堡中屯升科穀價暨備用項下支領至起租之年每丁地三十晌合納制錢九千文一年歸款尙有敷餘統計地二十餘萬晌不無稍裨

帑項即將來移駐京旗閑散費用裕如較之辦雙城堡旗丁墾種事半功倍所有附近旗丁情願認墾者悉照民人一律辦理惟移駐京旗交地二十晌其餘十晌作爲已產免其納租此項地二十餘萬晌創墾之初陸續招認不能同時並墾所需經費辦理尙易且僅離伯都訥城百餘里所有詞訟以及升科徵租各事宜均交伯都訥副都統督率該廳理事同知妥爲經理將來招集民

墾或須添官葢房臨時再行仿照雙城堡章程妥議具
奏並咨伯都訥各城出示曉諭招墾派員丈地分屯申畫
經界以道光五年爲始其所徵小租作爲各項弁兵書
役工食心紅紙張費用每年招有佃戶名數領地若干
及動用銀兩數目統於每年秋成後彙
奏一次等因具
奏奉
旨均著照所議行欽此遵即咨行伯都訥副都統等衙門出
示曉諭名其地爲新成屯分八旗兩翼每旗立二十五
屯每屯各設三十戶以治本於農務滋稼穡八個字爲

號每一字各編爲二十五號共計二百屯初報之戶積至三十戶爲治字第一號卽令歸入鑲黃旗頭屯撥給地段墾種續報再積至三十戶爲本字第一號歸入正黃旗頭屯以後依號按旗挨撥周而復始八旗地界可以同時並墾五年已認佃一千一百二十七戶按八旗分撥四十三屯歸據伯都訥委員勘丈新成屯閑荒僅敷一百二十屯卽將五年所招佃戶分撥字號均改每旗十五號六年認佃九百十七戶分撥三十一屯七年認佃一千五百五十六戶分撥四十六屯前後綜計一百二十屯星羅碁布與雙城堡爲表裏旗無徵糧民有

恆産將軍富俊爲生民計爲京師旗人萬世計也後之
踵議屯田者得此卷以爲牽由則事不難矣

吉林外記卷十終

新刊吉林外記跋

甲午夏穆訪重黎兵備於鳩江時兵備欲流傳古籍及近人經世實用之書十數種先以嘉慶間長白西清研齋所撰黑龍江外記八卷屬爲校刊是年冬完工復以道光初吉林堂主事滿洲薩英額吉夫所撰吉林外記相授與研齋之書相輔而行其書十卷分門別類均有條理自序有云事必徵實言皆有據實能副之特其足跡未能全境周到所記亦不無疎略與研齋之書亦約略相等重黎云研齋之書第二卷述城堡有云石晉末胡嶠陷遼爲蕭翰掌書記居福州宋徽欽二宗入金居

五國城以地理考之福州五國城應在今黑龍江城境內余於光緒初傳鈔此書即知此說之謬比疑此城近會寧府當在吉林烏喇寧古塔之間終以茫無實據不能確指爲今之何地彼時漫注數語聊以存疑後乃知乾隆間有副都統綽克託築吉林伯都訥城得紫檀匣中藏宋徽宗畫鷹一軸墨蹟如新並得古銅瓷器多端又有碑碣錄徽宗晚年日記於天會十三年寄跡於此曾經數載考宋史徽欽二宗入金初徙韓州後移冷山皆不出今吉林內地終徙五國城故址即今伯都訥城乾嘉間老輩考求地理頗有知之者而汲修主人曾載

諸嘯亭雜錄頴川逸士亦載諸東省記聞雖互有詳略而證據無殊今吉夫之書第二卷記阿勒楚哈城城南二里有金顯祖建都故城俗稱白城有謂爲五國城者誤第九卷古蹟三姓條五國部下據遼史營衛部族志考得五國頭城之名亦爲詳核蓋五國城古名五國頭城亦曰五國城頭當時並設節度使領之又吉夫於五國部下徵引宋金諸史及元明一統志洪忠宣松漠紀聞幷近代高士奇扈從錄等書參考五國頭城故址所在均未有合且云自其高祖由京陞吉林正黃旗佐領至今五世爲吉林人留心考查無此城基又曰考論古

今五國城在三姓無疑松漠紀聞扈從錄里數地名傳聞互異不足爲證姑論此以俟後之博覽君子蓋吉夫著此書時汲修主人及頴川逕士之書尙未行世雖能辨阿勒楚哈城南二里白城謂爲五國頭城之誤而又以爲在三姓無疑終曰俟後之博覽君子亦尙不失古人著書愼重之體余前以研齋之書屬爲校刊未及將此段公案詳注於彼書城堡所論五國城條下今吉夫之書亦不能自明予其詳書以彌兩書之疏漏可也重黎所述如是穆 以吉夫之著此書上距乾隆間緯克託築伯都訥城時上下不過五六十年當時故老或有見

而知之者或有聞而知之者何至如其所云自其高祖至今五世爲吉林人留心考查無此城基而竟一無所聞邪由此類推吉林全省故事當詳而不能詳當載而不及載且不知凡幾矣惟東三省之地除 盛京通志外記載寥寥賴有研齋吉夫之書講求輿地之學有備經世實用者不能不深有所取焉此則重黎校刊兩書之微恉也夫

光緒二十一年歲在乙未夏五月桐城蕭穆書於春申江上